本书得到了国家自然科学基金青年项目"社交网络崩盘风险的影响研究"（71901094），湖南省自然化背景下供应链金融生态系统的多维风险测度与管理"湖南省自然科学基金青年项目"社交网络环境下投的影响研究"（2020JJ5378），长沙自科基金"环境信息披露对绿色偏向型技术进步的影响机制及优化策略研究"（项目编号：kq2402165）的资助。

湖南师范大学·经济管理学科丛书

HUNANSHIFANDAXUE JINGJIGUANLIXUEKECONGSHU

供应链金融决策博弈原理及应用

Game Theory Principles and Applications in
Supply Chain Financial Decision-Making

谢　楠◎著

经济管理出版社
ECONOMY & MANAGEMENT PUBLISHING HOUSE

图书在版编目（CIP）数据

供应链金融决策博弈原理及应用/谢楠著 . -- 北京：
经济管理出版社，2024. -- ISBN 978-7-5096-9903-4

Ⅰ. F252. 2

中国国家版本馆 CIP 数据核字第 20243SS169 号

组稿编辑：杨　雪
责任编辑：杨　雪
助理编辑：王　蕾
责任印制：张莉琼
责任校对：蔡晓臻

出版发行：经济管理出版社
　　　　　（北京市海淀区北蜂窝 8 号中雅大厦 A 座 11 层　100038）
网　　址：www. E-mp. com. cn
电　　话：(010)51915602
印　　刷：北京晨旭印刷厂
经　　销：新华书店
开　　本：710mm×1000mm/16
印　　张：14
字　　数：235 千字
版　　次：2024 年 10 月第 1 版　　2024 年 10 月第 1 次印刷
书　　号：ISBN 978-7-5096-9903-4
定　　价：88.00 元

总 序 SEQUENCE

当历史的年轮跨入 2018 年的时候，正值湖南师范大学建校 80 周年之际，我们有幸进入到国家"双一流"学科建设高校的行列，同时还被列入国家教育部和湖南省人民政府共同重点建设的"双一流"大学中。在这个历史的新起点上，我们憧憬着国际化和现代化高水平大学的发展前景，以积极进取的姿态和"仁爱精勤"的精神开始绘制学校最新、最美的图画。

80 年前，随着国立师范学院的成立，我们的经济学科建设也开始萌芽。从当时的经济学、近代外国经济史、中国经济组织和国际政治经济学四门课程的开设，我们可以看到现在的西方经济学、经济史、政治经济学和世界经济四个理论经济学二级学科的悠久渊源。中华人民共和国成立后，政治系下设立政治经济学教研组，主要承担经济学的教学和科研任务。1998 年开始招收经济学硕士研究生，2013 年开始合作招收经济统计和金融统计方面的博士研究生，2017 年获得理论经济学一级学科博士点授权，商学院已经形成培养学士、硕士和博士的完整的经济学教育体系，理论经济学成为国家一流培育学科。

用创新精神研究经济理论构建独特的经济学话语体系，这是湖南师范大学经济学科的特色和优势。20 世纪 90 年代，尹世杰教授带领的消费经济研究团队，系统研究了社会主义消费经济学、中国消费结构和消费模式，为中国消费经济学的创立和发展做出了重要贡献；进入 21 世纪以后，我们培育的大国经济研究团队，系统研究了大国的初始条件、典型特征、发展形势和战略导向，深入探索了发展中大国的经济转型和产业升级问题，构建了大国发展经济学的逻辑体系。正是由于在消费经济和大国经济

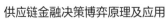
领域上的开创性研究，铸造了商学院的创新精神和学科优势，进而形成了我们的学科影响力。

目前，湖南师范大学商学院拥有比较完善的经管学科专业。理论经济学和工商管理是其重点发展领域，我们正在努力培育这两个优势学科。我们拥有充满活力的师资队伍，这是创造商学院新的辉煌的力量源泉。为了打造展示研究成果的平台，我们组织编辑出版经济管理学科丛书，将陆续推出商学院教师的学术研究成果。我们期待各位学术骨干编写出高质量的著作，为经济管理学科发展添砖加瓦，为建设高水平大学增光添彩，为中国的经济学和管理学走向世界做出积极贡献！

前　言　PREFACE

供应链金融作为解决企业资金约束难题的有效途径，是商业生态系统中各成员为实现共同价值主张而建立的以供应链为基础的融资活动。传统供应链金融以供应链中拥有核心资源和竞争力的核心企业为主，是核心企业利用自身优势及资信能力，为供应链内与其合作的中小微企业提供信用担保，从而获得优惠贷款的一种融资模式。该模式有效破解了中小微企业单体信用资质薄弱等问题，为供应链上下游中小微企业提供了良好的发展契机，增加了供应链整体收益，但也出现了一系列突出问题。为核心企业"解绑"、为中小微企业"解困"成为我国金融服务实体经济的痛点、难点和堵点。

随着我国经济社会发展进入绿色化、低碳化和产业数字化的高质量发展新阶段，供应链金融生态系统呈现多主体推进、多层级流通、多渠道并行的典型特征和以数字化、网络生态化为导向的发展态势。全国和各地政府高度重视供应链金融的发展，陆续出台供应链金融扶持政策、引导性文件，力求打造供应链金融创新发展新生态。产业数字化的普及重构了供应链上企业的内在关系，真正把中小企业纳入供应链生态体系，将中小企业在供应链生态系统的行为数据变成"可评估的资产"，进而帮助企业更高效、透明、可靠地开展供应链金融服务。因此，供应链生态系统将成为企业开展供应链金融活动新的运营环境，在此环境下对政府行为决策、企业行为决策及消费者行为决策对供应链金融生态系统产生的影响进行研究显得尤为迫切，并且具有显著的现实意义和理论价值。

本书主要运用博弈模型研究方法，研究供应链金融市场中政府行为决策、企业行为决策和消费者行为决策对供应链金融生态系统产生的影响。本书构建了非合作和合作博弈模型、复杂网络理论模型，探讨了中小企业投融资市场风险共担影响机制、不同政府补贴方式对企业数字化转型决策的影响、不同资金约束主体对绿色供应链投融资决策的影响、不同权力结构对制造商最优融资决策的影响、中央政府项目补贴对供应链金融决策的影响，并通过数值模拟和仿真分析进行应用研究，针对问题提出了解决方案和政策建议。

首先，本书创新性地运用最优贷款数量的模型求解方式，定量地刻画和研究电商平台直接参与和间接参与模式下投融资企业间的博弈关系，明确了在多主体参与的社交网络环境动态博弈过程中，中小企业融资的授信额度和融资成本以及三方参与主体期望效用的变化，为中小企业投融资市场的完善提供新的理论依据。其次，本书基于补贴政策实施中存在的中央与地方两级政府在利益诉求上的差异，将地方政府作为参与主体纳入网络动力学博弈模型之中，探讨了央地财权事权责任划分和消费者产品偏好变化对央地两级政府补贴策略调整过程的影响，为我国在数字经济时代下如何进行政府补贴和完善央地财权事权责任划分制度以促进企业数字化转型提供了新视角。再次，针对现有研究大多只分析供应链中单一主体的融资决策行为，较少结合企业绿色化转型进行分析的现象，本书深入分析了股权融资与债权融资这两种不同的融资策略，以及它们在不同资金约束主体均衡运营决策上的显著区别；考察了在不同消费者绿色偏好以及债权或股权比例下，企业选择不同融资方式的因素及其决策过程；探讨了存在不同资金约束主体时，两种融资方式对企业定价、产品绿色水平以及股东收益方面的影响。通过深入分析股权融资和债权融资的优劣势，为企业管理者、投资者以及决策者提供更全面的融资选择指导，将有助于企业优化融资结构，实现经济的可持续增长和绿色发展目标。最后，本书在不同权力结构下的多种融资模型构建中，从消费者行为、企业融资约束和权力结构三个不同的角度对企业创新行为进行了深入的分析，在一定程度上弥补了现有研究的不足，丰富了创新管理和供应链金融交叉的研究内容，为我国政府调整生态创新产业权力结构以及运用金融手段支持企业生态创新行为提供了参考依据。同时，针对中央政府项目补贴模式下的投融资决策问题，通过构建乡镇企业、电商平台和地方政府间的四阶段 Stackelberg 博弈模型，综合考虑了中央政府补贴和消费者偏好等因素，建立了竞争性地方政府、乡镇企业和电商平台间的四阶段博弈模型。这不仅丰富了原有中央政府补贴对于市场影响的路径分析，通过细分出中央与地方两级政府，探讨地方政府外部性行为对于补贴传导路径的影响，还论证了在存在消费者偏好的情况下，竞争性地方政府与其所辖的乡镇企业以及电商平台对中央政府补贴的不同反应。

当然，关于供应链金融决策博弈原理及其应用，未来的研究前景还很广阔，还有大量的问题亟须理论界和学术界来研究和探讨。例如，博弈模型假设的放松、实证网络的应用、多主体参与以及信息不对称情况下的博弈分析等。

本书得到了合作者中南大学王宗润教授、周艳菊教授和湖南师范大学硕士研究生何海涛（现为中南大学博士研究生）、段子聪的帮助和支持。由于笔者水平有限、编写时间仓促，书中错误和不足之处在所难免，恳请广大读者批评指正。

目 录 CONTENTS

第五章　**不同资金约束主体的绿色供应链投融资决策模型构建**　083

第六章　**不同权力结构的制造商最优融资决策模型构建**　111

绪　论

研究背景与意义

　　供应链金融作为解决企业资金约束难题的有效途径，是商业生态系统中各成员为实现共同价值主张而建立的以供应链为基础的融资活动（宋华等，2022；Kouvelis and Xu，2021）。传统供应链金融是以供应链中拥有核心资源和竞争力的核心企业为主，核心企业利用自身优势及资信能力，为供应链内与其合作的中小微企业提供信用担保，获得优惠贷款的一种融资模式（龚强等，2021）。该模式有效破解了中小微企业单体信用资质薄弱等问题，为供应链上下游中小微企业提供了良好的发展契机，增加了供应链整体收益。但该模式依然存在一些问题：一是过度依赖核心企业的授信模式，中小微企业逐渐失去话语权；二是核心企业为上下游企业确权和承担信用担保、信息沟通等责任，加大了核心企业的财务成本和管理成本；三是核心企业的信用流动尚无法触及二三级产业链末端的节点，使资金供给与企业需求错配。因此，为核心企业"解绑"、为中小微企业"解困"成为我国金融服务实体经济的痛点、难点和堵点。

　　针对传统供应链金融模式中存在的上述问题，面对供应链金融生态系统呈现多主体推进、多层级流通、多渠道并行的典型特征和以数字化、网络生态化为导向的发展态势。全国和各地政府高度重视供应链金融的发展，陆续出台供应链金融扶持政策、引导性文件，力求打造供应链金融创新发展新生态。2022年，国务院印发的《"十四五"数字经济发展规划》明确指出，要培育供应链金融；中国人民银行印发的《关于做好2022年金融支持全面推进乡村振兴重点工作的意见》明确指出，规范发展供应链金融服务，加大对重要农产品生产加工、仓储保鲜冷链物流设施建设等金融支持；工业和信息化部等11部门印发的《关于开展"携手行动"促进大中小企业融通创新（2022-2025年）的通知》明确指出，引导大企业加强供应链金融支持，推动大企业支持配合上下游中小企业开展供应链融资，助力缓解中小企业融资难、融资贵的问题。2023 年，中国人民银行等八部门联合印发的《关于强化金融支持举措助力民营经济发展壮大的通知》指出，银行业金融机构要积极探索供应链脱核模式，支持供应链上民营中小微企业开展订单贷款、仓单质押贷款等业务。进一步完善中征应收账款融资服务平台功能，加强服务平台应用。

因此，在此背景下，研究在产业数字化和绿色化加持下的供应链金融市场中政府行为决策、企业行为决策和消费者行为决策对供应链金融生态系统产生的影响，探究"脱核"视角下供应链金融生态系统新的运营环境下中小企业投融资市场风险共担机制、政府补贴方式等对供应链金融决策的影响，对于解决供给与需求严重失衡错位、循环不畅这一经济金融领域风险具有重要的理论价值和现实意义。

第二节
研究思路与内容

一、研究思路

随着产业数字化的突破化发展，产业链供应链的关联性、交互性、透明性增强，促使供应链金融的生态性特征越发凸显（陈剑等，2020；Chen et al.，2022；Dong et al.，2020）。供应链金融的运营模式正经历从金融机构主导、核心企业主导向多主体专业协作、多模态资源嵌入的网络生态跃迁（宋华等，2022）。产业数字化的普及重构了供应链上企业的内在关系，真正把中小企业纳入供应链生态体系，将中小企业在供应链生态系统的行为数据变成"可评估的资产"，进而帮助企业更高效、透明、可靠地开展供应链金融服务（龚强等，2021；陈晓红等，2021）。因此，在我国经济社会发展进入绿色化、低碳化和产业数字化的高质量发展新阶段，供应链生态系统将成为企业开展供应链金融活动的新运营环境，在此环境下对政府行为决策、企业行为决策及消费者行为决策对供应链金融生态系统产生的影响进行研究显得尤为迫切，并且具有显著的现实意义和理论价值(李健等，2020；Babich and Kouvelis，2018)。

基于以上研究背景，首先，本书从供应链金融、政府行为决策、企业行为决策和消费者行为决策四个方面对研究现状进行文献回顾，并对非合作博弈理论、合作博弈理论和复杂网络进行了理论基础梳理。其次，本书运用不同的博弈模型分别从中小企业投融资市场风险共担影响机制、不同政府补贴方式对企业数字化转型决策的影响、不同资金约束主体对绿色供应链投融资决策的影响、不同权力结构对制造商最优融资决策的影响、中央政府项目补贴对供应链金融决策的影响五个方面探讨了供应链金融决策博弈原理，并进行了数值模拟和仿真分析等应用研究。最后，本书根据研究获得的启示，提出了有针对性的政策建议，并总结本书的主要研究结论、研究存在的不足和下一步研究的内容。

二、研究内容

本书分为以下八章：

第一章，绪论。本章介绍了本书的研究背景与意义、研究思路与内容和创新点。

第二章，文献回顾与理论基础。本章在对供应链金融、政府行为决策、企业行为决策和消费行为决策四个方面进行文献回顾和综述的基础上，系统地介绍了非合作博弈、合作博弈和复杂网络的相关理论与模型。

第三章，中小企业投融资市场风险共担机制决策模型构建。本章在社交网络环境下，构建了两种不同电商平台参与模式下的不完全信息动态博弈模型，把视角拉回到我国投资机构在解决中小企业融资贵的问题上，通过数值算例分析，探讨出一条投资机构利用我国成本低、总量多的储蓄类资金来解决中小企业融资贵问题的途径，论证了电商平台间接参与模式下的优越性。在这种模式下，借助电商平台的大数据和云技术，让电商平台和投资机构实现风险共担，使投资机构能尽可能地掌握中小企业的信息，降低投资机构的交易成本和贷款风险，从而扩大中小企业的借贷数额，降低中小企业的借贷门槛，同时促进行业良性发展，理论上实现了参与三方整体的帕累托改进。

第四章，不同政府补贴方式的企业数字化转型决策模型构建。本章立足于我国数字经济发展中存在的政府补贴政策制定问题，构建了在复杂网络环境下的政府、企业和消费者三者之间的演化动力学博弈模型，从财权和事权的视角探讨了中央和地方两级政府在数字市场机制下的补贴策略调整过程。此外，本章基于数值模拟及仿真分析进一步探讨了不同央地财权事权责任划分制度下的消费者数字产品偏好、政府补贴力度和数字技术研发形态对企业数字化转型决策的影响。

第五章，不同资金约束主体的绿色供应链投融资决策模型构建。本章探讨了竞争环境下考虑不同资金约束主体的融资模式选择与绿色技术创新问题，构建了不同制造商与零售商资金约束下的 Stackelberg 博弈模型，数值模拟分析了消费者环保意识系数、股权或债权比例对均衡状态下产品绿色度以及股东收益的影响。

第六章，不同权力结构的制造商最优融资决策模型构建。本章通过构建不同权力结构下三种融资模式共六种情境下由制造商主导的 Stackelberg 博弈模型，数值模拟分析了制造商在不同自有资金下的消费者环保意识系数、制造商一次性创新投资成本系数以及制造商单位生产成本系数对均衡状态下产品生态创新水平、制造商利润以及供应链整体利润的影响。

第七章，中央政府项目补贴的供应链金融决策模型构建。本章综合考虑了中央政府补贴和消费者偏好等因素，建立了竞争性地方政府、乡镇企业和电商平台间的四阶段博弈模型。本章研究丰富了原有中央政府补贴对于市场影响的路径分析，通过细分出中央和地方两级政府，探讨地方政府外部性行为对于补贴传导路径的影响，论证了在存在消费者偏好的情况下，竞争性地方政府与其所辖的乡镇企业以及电商平台对中央政府补贴的不同反应。

第八章，研究结论与展望。本章对全书的研究进行总结，并对下一步的研究进行展望。

第三节

创新点

在构建供应链金融决策模型的研究中，本书涵盖了多种情境和模式，从中小企业投融资市场风险共担模式到不同政府补贴方式、资金约束主体模式、权力结构模式及中央政府项目补贴模式，逐一探讨了这些模式下投融资模型的构建，并提出了创新性的解决方案。具体创新点如下：

(1)运用最优贷款数量的模型求解方式，定量地刻画和研究在电商平台直接参与和间接参与模式下投融资企业间的博弈关系。通过数值算例分析中小企业的投资成功概率、期望收益分配比例等关键参数对中小企业贷款利率、市场最优贷款数量和参与者期望效用的影响。明确了在多主体参与的社交网络环境动态博弈过程中，中小企业融资的授信额度和融资成本以及三方参与主体期望效用的变化，为中小企业投融资市场的完善提供新的理论依据。

(2)基于补贴政策实施中存在的中央与地方两级政府在利益诉求上的差异，将地方政府作为参与主体纳入网络动力学博弈模型之中，探讨了中央和地方财权事权责任划分和消费者产品偏好变化对中央和地方两级政府补贴策略调整过程的影响，为我国在数字经济时代下如何进行政府补贴及完善中央和地方财权事权责任划分制度以促进企业数字化转型提供了新视角。

(3)现有研究大多只分析供应链中单一主体的融资决策行为，较少结合企业绿色化转型进行分析。本书深入分析了股权融资与债权融资这两种不同的融资策略，以及它们在不同资金约束主体均衡运营决策上的显著区别。考察了不同消费者绿色偏好以及债权或股权比例下，企业选择不同融资方式的因素及其决策过程。探讨了存在不同资金约束主体时，两种融资方式对企业定价、产品绿色水平以及股东收益方面的影响。通过深入分析股权融资和债权融资的优劣势，为企业管理者、投资者以及决策者提供更全面的融资选择指导，也将有助于企业优化融资结构，实现经济的可持续增长和绿色发展目标。

(4)在不同权力结构下的多种融资模型构建中，从消费者行为、企业融资约束和权力结构三个不同的角度对企业创新行为进行了深入的分析，在一定程度上弥补了现有研究的不足，丰富了创新管理和供应链金融交叉的研究内容，为我国政府调整生态创新产业权力结构以及运用金融手段支持企业生态创新行为提供了参考依据。

(5)针对中央政府项目补贴模式下的投融资决策问题，通过构建乡镇

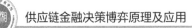

企业、电商平台和地方政府间的四阶段 Stackelberg 博弈模型，综合考虑了中央政府补贴和消费者偏好等因素，建立了竞争性地方政府、乡镇企业和电商平台间的四阶段博弈模型。这不仅丰富了原有中央政府补贴对于市场影响的路径分析，通过细分出中央和地方两级政府，探讨地方政府外部性行为对于补贴传导路径的影响，还论证了在存在消费者偏好的情况下，竞争性地方政府与其所辖的乡镇企业以及电商平台对中央政府补贴的不同反应。

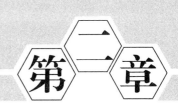

文献回顾与理论基础

第一节
文献回顾与综述

一、供应链金融

供应链金融作为解决中小企业资金约束难题的有效途径，是商业生态系统中各成员为实现共同价值主张而建立的以供应链为基础的融资活动（宋华等，2022；Kouvelis and Xu，2021）。作为商业生态系统中一种典型的价值共创活动，供应链金融中不同参与者利用生态系统的各类资源以帮助系统内成员缓解资金压力、提高系统内所有成员的资金营运能力，是解决企业资金约束难题的有效方案（马超群等，2020）。企业合理利用供应链金融模式不仅可以显著缓解其内部的资金压力，还可以增强生态系统内企业间的信任关系及其供应链系统的竞争优势（韩炜、邓渝，2020）。随着数字技术在产业链供应链中的普及，供应链金融已经成为企业的一种更加高效、普惠的金融支持手段（Abbasi et al.，2017）。

供应链金融和数字商业生态系统均为跨组织价值共创的系统性活动。基于数字商业生态系统视角探究跨主体、跨组织风险管理的研究富有成效，这为供应链生态环境下供应链金融风险管理的研究提供了新的视角（宋华等，2022）。数字商业生态系统既是数字生态系统与商业生态系统的有效融合，也是技术观和平台观的有效融合。通常，数字商业生态系统由内层的开放互联系统和外层的基于数字交互的平台组成，具有复杂性、自组织性、生产性、共同进化和适应性的典型特点（Bals，2019）。数字商业生态系统健康性作为评估系统整体状态的重要指标，反映了数字商业生态系统的发展过程、组织运作、压力适应和受威胁后自我恢复的状态（宋华等，2021）。现有关于商业生态系统健康性的研究主要分为健康性理论界定、健康性状态评估两类。关于商业生态系统健康性的内涵界定主要来自系统层次与企业层次及产业化、生态化与数字化两类视角。关于商业生态系统健康性的评估体系主要来自稳健性、生产力、利基创造性，或生产率、适应力和多样性，或财务健康、网络健康和环境健康，或高效生产率、持续适应力与丰富多样性(Dong et al.，2020；宋华等，2021)。

随着产业数字化的蓬勃发展，现有研究对供应链金融及其风险管理的探索经历了从金融导向、供应链导向逐渐向网络生态导向、数字化导向的演进(Dong et al.，2020；宋华等，2021)。供应链金融生态系统最早以商业生态系统为导向提出，由外层的利益相关者理论和全生命周期理论为内层的供应链合作维度、组织维度、资金维度、技术维度、市场与监管维度、产品维度提供全方位分析视角(Bals，2019)。现有研究表明，数字技术赋能供应链金融创新发展主要包括传统在线供应链金融、流转式供应链金融、融合式供应链金融和整合式供应链金融四种模式。随着产业数字化的不断演进，供应链金融逐渐向供应链金融生态系统演进，其关系、结构、要素、流程、风险呈现不同状态(李健等，2020；宋华等，2021)。因此，在新阶段下，供应链生态系统将成为企业开展供应链金融活动新的运营环境。

在供应链金融生态系统中，企业不是在孤立环境中运营，而是被其所嵌入的供应链生态系统关系和结构约束，这种关系和结构对企业获取、利用资源均有显著影响，也直接作用于企业的风险表现(李健等，2020；Wang et al.，2021a)。企业可以借助生态系统有效地缓解借款企业和金融机构之间的信息不对称，提高中小企业融资绩效，降低风险发生的概率(Babich and Kouvelis，2018)。金融机构在提供融资贷款前也并不仅仅孤立地考察单个企业的信用，而是将单个企业的风险管理变为以供应链为核心的商业生态系统的风险管理。此外，供应链金融生态系统健康性往往受系统连接度、合作伙伴多样性、关系可预见性等多维度影响，通过强化彼此间的联动性、共赢性、整体发展可持续性以打造健康的网络生态，促使供应链金融生态系统成员建立更稳健的渠道(Dong et al.，2020；Bals，2019；Yu et al.，2021)。随着产业数字化、智能化转型步伐的不断加快，供应链金融生态系统面临的生态系统健康性风险达到前所未有的广度和深度，生态系统健康性风险融入风险管理中成为供应链金融风险管理的重要任务(Wang et al.，2021a)。

简要评述：供应链金融是商业生态系统中各成员为实现共同价值主张而建立的以供应链为基础的融资活动，随着产业数字化突破式发展，供应链生态系统成为企业开展供应链金融业务新的运营环境，导致供应链金融面临的健康性风险达到前所未有的广度和深度，这对供应链金融风险管理提出了更高层次的需求，打造健康的供应链金融生态系统成为供应链金融风险管理的新任务。

二、政府行为决策

企业在追求最大利润的过程中，往往倾向于减少生产成本，而非主动采用环保的生产方法。因此，为了促使企业采纳绿色生产模式，需要通过财政激励和税收优惠来提供必要的激励措施。政府提供的财政补贴是一种强有力的经济工具，它在激发市场需求、促进生产活力方面发挥着关键作用，特别是在提升能源使用效率、支持企业向绿色生产转型以及推动绿色供应链的构建方面扮演着至关重要的角色。同时，税收政策通过提供税收减免和改革税务体系，鼓励企业采纳环境友好型技术和生产方法，这有助于提高资源的利用效率和加强环境保护工作。鉴于此，研究政府行为对绿色供应链和企业绿色转型的影响已成为学术研究的热点议题。从政府对绿色供应链的财政补贴这一视角来看，可以观察到消费者对环保的重视程度与其愿意为高环保标准产品支付的价格之间存在正相关关系。当政府提高对绿色供应链的最低补贴标准时，那些采取被动式绿色供应链管理策略的制造商应当考虑实施更为合理的定价策略，以适应市场对环保产品的需求（朱庆华、窦一杰，2011）。从政府财政激励措施对绿色供应链参与者收益水平影响方面进行深入分析，可以得出结论：政府采取财政补助政策均能有效提升绿色供应链的整体盈利能力（Sheu and Chen，2012）。有学者通过数值模拟分析，观察到短期内政府提供的财政激励可以显著增加对环保产品的需求。然而，从长远来看，消费者对环保的偏好是推动环保产品需求稳定增长的关键因素。因此，建议通过教育和宣传活动来增强公众的环保意识，以促进对绿色产品持续增长的需求（赵爱武等，2015）。除此以外，增加政府的财政支持能有效促进绿色供应链中消费者剩余的提升，同时也有助于社会整体福利的增长（江世英、方鹏骞，2019）。不仅如此，政府补贴还会加速绿色供应链的成熟和扩展，有利于改善生态环境和提高资源的利用效率（王新林等，2019）。还有的学者以补贴模式异质性为切入点，探究不同政府补贴模式对最终产品的绿色度以及绿色供应链整体利润的影响

（高鹏等，2022）。

当政府实施补贴时，补贴方式也会有所不同。政府补贴从总体上可以划分为以下三种补贴模式，分别是对产品的绿色度进行补贴、对企业的生产成本进行补贴、对相关技术的研发成本进行补贴，在政府补贴力度不变的前提下，通过对上述三种补贴方式进行比较，发现制造商更愿对企业的生产成本进行补贴，零售商则倾向于对产品的绿色度进行补贴（温兴琦等，2018）。有些地区政府补贴的方式略有不同，包括通过碳税政策进行补贴、对产品价格补贴，以及一次性补贴，有研究发现不同的补贴方式最终的结果都有差异（曹斌斌等，2018）。有学者在研究补贴产生的效用时，分别建立不进行补贴、对绿色产品进行补贴、对企业的绿色创新进行补贴的分析框架，研究发现对绿色创新进行的补贴最终效果要优于对单一的绿色产品进行补贴（Li et al.，2020b）。还有学者构建了制造商减排分析决策模型，分别研究了单独对减排研发进行补贴，以及专门针对产品的减排量补贴来对企业减排决策进行分析研究（贺勇等，2022）。学者不仅有对单一策略进行研究，还有相应的采取多种措施的组合补贴策略，研究了在政府既对生产成本进行补贴又对企业的研发成本进行补贴的组合补贴策略下，补贴策略对于双渠道绿色供应链整体利润的影响（梁喜、魏承莉，2020）。

在实际的应用中，相应的政策效果会受到补贴对象的差异而表现出不同的结论。Yu 等（2016）指出，以制造商作为政府补贴的受益者为出发点的策略，不仅能使制造商实现更高的盈利，还能有效减少政府在补贴方面的财政支出。江梦园（2021）在政府对制造商提供财政支持的基础上，进一步探讨了制造商如何履行其社会责任，以及这种支持如何影响绿色供应链的运作效率和可持续性。当研究聚焦于政府对消费者的直接财政补贴时，孙迪和余玉苗（2018）发现此类补贴能有效地激发环保产品的市场供给。这种政策手段通过降低消费者的购买成本，进而激发生产者对绿色产品生产线的投资和扩展。当政府向零售商提供针对绿色产品的财政激励，并且制造商也对零售商进行绿色产品推广的补贴时，于晓辉等（2022）的研究发现，仅依靠绿色产品补贴的调节作用是有限的；与此相比，绿色推广补贴能够更有效地提升绿色供应链的整体表现。林强和刘名武（2022）对比研究了政府对制造商的直接财政支持与对消费者的同类激励措施，分析结果显示，这两种政策手段都能够有效地激励制造商增加对绿色技术的投资；然而，在对消费者实施补贴的情况下，整个绿色供应链的参与者所获得的利润以及社会总体福利均达到了更优的水平。当制造商能够预先识别经营过程中可能遇到的风险，并主动实施相应的风险缓解策略时，政府对制造商的财政支持可以促进其产品在环保性能上的提升。与此同时，若政府选择对零售环节进行补贴，则更有助于优化整个绿色供应链的盈利状况（相模、李芳，2022）。Meng 等（2020）综合考量了政府不提供财政支持、选择性地对制造商进行资助、对绿色产品的零售环节进行补贴以及直接对消费者进行激励这四种情况，得出结论：政府的财政激励措施对于推动绿色产品在市场上的销售具有积极作用，并有助于绿色产品在市场上占据更大的份额。

有学者从补贴力度的角度出发进行研究。罗春林（2014）通过对合作博弈模型的应用，发现随着政府补贴力度的增强，虽然能够增加供应链上相关企业的整体利润，但是会产生两种不良的效应：补贴效率会降低以及补贴成本会增多。曹中秋等（2019）发现，绿色供应链参与者所需的政府财政支持程度与消费者对环保产品的倾向性呈现相反的趋势。这意味着，随着消费者对绿色产品偏好的增强，供应链成员对政策性补贴的依赖性可能会降低。此外，政府的过度介入可能会对供应链各方的利润以及社会的整体福利产生不利的影响。这种过度干预可能会导致市场机制扭曲，从而降低供应链效率和社会效益（Sheu and Chen，2012）。金基瑶等（2020）在分析政府环境补贴对提升绿色供应链效率的影响时发现，只有当补贴额度控制在较低水平时，政府的财政激励才能有效增进供应链各环节的盈利能力。顾子跃（2021）在对线上线下双渠道的绿色供应链进行深入研究时观察到一个有趣的现象：随着政府补贴额度的增加，两个渠道中的绿色产品售价却出现了上升的趋势。基于这一发现，他建议政府在制定补贴政策时，应将补贴额度限定在一个合理的范围内，以避免可能的市场扭曲效应。

有学者从政府税收政策对于绿色转型的影响角度出发进行研究。江鑫和胡文涛（2024）从传统的税务体制的改革出发，发现在绿色发展导向下，增值税转型改革显著提升了受政策影响行业内企业的绿色创新水平，与此同时，增值税转型缓解了企业融资约束，从而激发了企业绿色创新活力。陈芋君等（2024）发现，"营改增"通过分工效应与税负效应显著提升了企业绿色创新，这主要体现在实质性创新上，而非策略性创新。吕越（2023）指出，增值税制度的转型改革能够显著提升企业的投资活力，推动企业在研发创新和清洁生产方面增加投入,进而有效减少企业的污染物排放量;此外,增值税转型改革还会导致高污染排放企业退出市场,促进低污染排放企业进入市场,从而降低了整体污染排放规模。同时需要注意,当增值税征收强度提高时,企业可能会通过提高排污强度来平衡成本,从而产生跨部门的外部性(李力行等,2022)。刘金科和肖翊阳(2022)认为,关于环境保护税法的改革主要诱发了非国有、大规模企业的实质绿色创新活动,但也只是一种对原有创新的挤出。陈旭东等(2024)等认为,绿色税收体制改革显著提升了制造业绿色全要素生产率,绿色创新能力与制造业结构合理化在其中发挥了中介效应。

除了对传统的税制进行改革以促进绿色转型外,政府也探索了新的税收政策。其中,征收碳税有利于我国构建碳减排复合机制,助力碳达峰和碳中和目标的实现,是应对气候变化的有效机制(贾晓薇、王志强,2021)。有研究发现,实施动态碳税能够带来消费产出比的增长和碳排放总量的下降,有助于经济向消费驱动及绿色低碳转型。但是需要注意,过高的效率也会导致对产出和消费的挤出(田方钰等,2024)。有学者建议构建渐进型碳税制度,在征税对象的选择上,建议首先考虑那些尚未引入碳排放权交易机制的行业,其次逐步扩展到其他产生碳排放的领域;在确定税收对象时,建议从化石燃料的生产环节开始,再逐步延伸至分销和消费环节;至于征税的计算方法,建议最初依据产品的碳含量来计算,随后逐步过渡到基于排放主体的实际碳排放量进行征税(雷俊生、曹玉娟,2024)。在探索的过程中,政府应以开征碳税为契机,构建并完善碳定价机制、碳减排复合机制和绿色财政体制(白彦锋等,2023)。除此之外,冯章伟等(2023)发现,在碳税政策的引导下,在一个由单一制造商和零售商构成的绿色供应链中,通过采用区块链技术,可以提高信息的透明度和可靠性,从而促进企业在可持续发展方面的转型。

此外,政府专门针对绿色转型企业进行税务激励政策。针对大型的工业企业,吕桁宇等(2024)等的研究表明,财税激励政策能够通过激励工业企业进行绿色技术创新,产生碳强度治理效应,从而显著降低工业企业碳强度,这是引导工业企业绿色转型的重要政策工具。财税激励能够极大地提高环保技术革新对企业生态表现的正面影响(罗恩益,2020)。姜海锋等(2023)发现,增强政府对企业的税收减免力度不仅能激励企业在绿色技术方面进行创新,还能加强政府资助对企业提升其绿色技术创新能力的影响力。除此之外，采用特殊的税收优惠政策，特别是固定资产加速折旧政策可以显著驱动企业绿色转型，并实现污染减排和绩效提升的双重效果；采纳快速折旧固定资产的财务策略显著增强了企业在资金流动性和财务规划方面的优势，进而促进了企业对研发活动和可持续创新的投入，改善了企业对利益相关者的承诺和信誉，这些因素综合促进了企业向绿色经营模式的转变（吴非、黎伟，2022）。叶金珍和安虎森（2017）的研究表明，合理设定的市场化环保税率能够有效地控制大气污染，同时保障经济福利的持续提升；而采取差异化环保税制将促使高污染行业进行结构调整；相比之下，统一性的环保税制在长期内对污染治理更为有效。

除了以上的财税政策促进企业绿色转型外，政府也尝试了多种政策手段。例如，中央银行将绿色债券纳入央行合格担保品，通过降低绿色债券的信用利差为绿色企业提供融资激励，通过融资途径显著提升了企业的绿色创新和绿色转型（陈国进等，2021）。不仅如此，我国央行接受绿色信贷资产作为 MLF 合格担保品，这不仅增加了绿色信贷企业的信贷可得性，还降低了绿色信贷企业的信贷成本（郭晔、房芳，2021）。《绿色信贷指引》通过两条路径发挥作用，分别是使绿色信贷政策的代理成本降低以及投资产出效率的提升，这两条路径增强了企业的绿色创新（王馨、王营，2021）。此外，绿色金融试点政策也促进了新能源企业技术创新，并可以缓解新能源企业融资约束，进而促进新能源企业技术创新（王帮俊等，2024）。

简要评述：政府在企业的绿色转型和绿色供应链的发展过程中是重要的参与者，其行为决策对后续的影响极其深远。政府不仅会通过补贴的方式促进企业的转型，还会通过税收政策的改革和创新以及其他宏观调控政策促进企业的绿色转型和绿色供应链的发展。在上述的研究中，关于政府的讨论没有把地方政府纳入考量范围，没有划分为央地两级政府，忽视了地方政府彼此之间的资源竞争，忽视了央地关系带来的政策效果的差异。本书在后续的讨论中不仅考虑了地方政府，还以消费者偏好为切入点，结合线上线下的双渠道模式，研究政府行为对绿色供应链决策的影响。

三、企业行为决策

创新构成了企业成长的基石，是企业在激烈的市场竞争和不断演变的外部环境中保持竞争力的核心策略。创新的推动力既源自企业内部的动态，也受到外部环境的广泛影响。随着可持续发展和环保供应链理念的兴起，学术界和业界的焦点越来越多地集中在可持续创新的领域，企业也越来越多地考虑采纳绿色创新的路径。同时，随着数字技术的突飞猛进以及国家层面战略政策的推动，企业在数字化和绿色化转型过程中，以及在资本筹集方面，面临着一系列内外部挑战。这些挑战已经成为当前学术研究和实践探索的前沿话题。

一是关于企业的创新行为决策。学术界对企业创新的探讨主要集中在分析影响企业创新的各种因素，这些因素既包括企业自身的条件，也包括外部环境的作用。企业创新的综合能力涉及创新资源的投入、创新成果的产出(如专利的引用次数和授权情况)以及创新活动的连续性和持久性。其中，企业创新的内部影响因素主要包括以下几个部分：①企业规模。有研究表明，企业的创新行为受到企业规模的影响，规模较大的企业更能促进创新(周黎安、罗凯，2005)。②管理层激励。有研究表明，给予高层管理者更高的薪资激励能够有效地促进企业的创新(李春涛、宋敏，2010)。③管理层类型。有研究表明，能够容忍失败且注重长期效益的管理者更容易促进创新的产生(Hsu et al.，2014)。④融资结构的差异。有研究表明，外源性融资对企业创新的促进效果显著高于内源性融资，且股权融资和债权融资对创新的促进效果都不如政府的补助(李汇东等，2013)。⑤产权性质。有研究表明，国有产权的增大会显著降低激励行为对创新的影响，但同时国有企业的创新性明显高于非国有企业(李春涛、宋凯，2010)。⑥企业金融化。有研究表明，这一过程会极大地挤出企业的创新，套利动机越强的企业，这一效应越强烈，企业金融化虽然可以在短期内提升企业的经济效益但是长期会对企业的创新能力进行抑制(王红建等，2017)。⑦资金的约束。有研究表明，中国近年来的创新投资主要以内源性融资为主，外部金融机构的促进作用有限(鞠晓生，2013)。⑧公司治理。有研究表明，基金持股比例和大股东持股比例等对于研发资金和资源投入有着显著的正向影响(鲁桐、党印，2014)。⑨员工满意度。有研究表明，员工满意度的提高不仅可以提高企业的全要素生产率，还能够促进企业创新(许红梅等，2021)。⑩同行管理层交流。有研究表明，积极的同行管理层讨论和研究可以显著提升企业创新投资行为，主要是通过改善企业的信息环境和优化管理层的投资决策来提高创新的质量(李姝等，2021)等。

企业创新的外部影响因素则包括以下几个部分：①机构投资者。有研究表明，不同的机构投资者对创新的影响不同，证券投资基金的投入不利于企业的创新，此外，机构投资者的加入虽然会促进民营企业的创新但是会抑制国有企业的创新(温军、冯根福，2012)。②企业网络位置。有研究表明，占据着网络中心且有着丰富结构洞的企业，其创新效率和动力更强，这些企业主要通过知识的快速获取和吸收转化达成企业的创新，并且企业的能力越强，企业改善网络位置的动力就越强(钱锡红等，2010)。③产业链关联。有研究表明，随着全球供应链产业链的重构，短期的冲击会极大地减少企业的创新动力，且主要对高技术企业以及高人力资本企业的创新进行抑制(陈爱贞等，2021)。④产业政策。有研究表明，对于高技术企业实施产业促进政策有效地促进了企业的创新，且产业政策对于技术差距较大的行业效果更好(诸竹君等，2021)。⑤人才政策。有研究表明，人才政策能促进企业创新，其实现路径为随着人才政策落实，企业招聘研发型人才的数量上升，且随着补贴力度的增大，效果越来越明显，最后使企业的投入增大且创新效率提升(孙鲲鹏等，2021)。⑥经济政策不确定性。有研究表明，经济的不确定性会正向促进上市公司的创新投入以及专利数量，但同时这种影响也会受到诸如政府和外部资金的影响(顾夏铭等，2018)。⑦外资进入自由化。有研究表明，外资的进入不仅显著增强了本地企业的创新程度，还能够显著增加企业长期创新的动力(毛其淋，2019)。⑧营商环境。有研究表明，在市场机制尚未健全的经济体当中，非正常的寻租行为会极大地抑制创新行为(夏后学等，2019)。⑨地区金融发展水平。有研究表明，金融发展水平对于高科技企业和中小民营企业的创新影响显著，但对于非国有企业和非高技术企业而言，地区的产业结构影响程度更大(冯根福等，2021)。

不过，随着企业创新成果的累积增长，以及对可持续增长理念和经济结构向环境友好转型的重视，学术研究的焦点已经逐渐转向探讨企业中的"专利膨胀"现象和绿色创新的议题。所谓"专利膨胀"通常是指，企业出于战略考虑进行的创新活动，这与传统上旨在提高企业价值和业绩、增强技术竞争力的高质量创新有所区别，它更侧重于创新活动的数量和速度。对这种策略性创新的研究已经从多个维度进行了分析，包括其背后的动机、表现形式、经济影响以及可能的预防措施。策略性创新背后的推动力是为了响应市场和政府对创新的期望，目的是获得特定的经济优势或政策优惠，如为了获得更多财政补贴以及税收返还等（黎文靖、郑曼妮，2016）。企业的策略性创新主要表现为以下两个方面：第一，重视专利的数量而不是专利的质量，即非发明专利的申请数量显著增加（黎文靖、郑曼妮，2016）；第二，企业倾向于重视专利的申请阶段而忽视了专利的授权与后续维护。鉴于在专利申请与最终授权之间存在的等待期，企业可能为了满足政策要求和投资者的期望而提交大量专利申请。但现实情况是，许多申请最终无法通过授权审查（林志帆等，2021）。中国高达 27.6% 的发明专利和 30.9% 的实用新型专利发生了非正常放弃的现象（张杰、郑文平，2018）。有学者从策略性创新所带来的影响角度进行分析，指出过分注重创新的数量和速度而忽视其质量，可能会导致资源分配不当。这种现象不仅削弱了上市公司的运营效率，还可能诱发市场上的不当套利行为和专利纠纷的频繁出现（毛昊等，2018；龙小宁、张靖，2021）。作为对策略性创新可能带来的问题的预防，学术界已经提出了多种解决方案。这些方案包括对专利评估体系的优化，以确保创新的质量；对资本市场结构的强化，以促进健康的投资环境；对管理层激励机制的调整，以鼓励长期的创新和可持续发展（毛昊等，2018；张杰、郑文平，2018；龙小宁、张靖，2021）。

二是关于企业所面临的数字化转型的决策。在企业数字化转型的过程中，影响企业绩效的途径主要有两种，分别是管理活动和销售活动，但是这两条路径的影响并不完全一致，会产生两种相反的效应，导致数字化效果并不显著（戚聿东、蔡呈伟，2020）。也有研究表明，对于上市公司而言，在数字化转型的过程中，企业的债务融资成本显著上升，对于高科技企业和非国有企业有更好的效果（许云霄等，2023），但是企业的数字化转型也会提高股票的流动性，其作用机制是通过改善信息不对称和业务稳定性的提高来实现的（吴非等，2021）。因此，在企业进行数字化转型的过程中，我国的企业转型往往都面临四大挑战，分别是不愿意转型、不知道如何转型、不敢于转型以及缺乏转型的能力（白延涛，2024）。企业数字化转型的过程是一个循序渐进的过程。为了能够促进中小企业的数字化转型，有研究发现除了政府补贴，平台赋能可以极大地改善中小企业数字化转型的状况，提供足够的资源和专业的指导辅助企业实现转型（石建中、何梦茹，2024）；不仅如此，大量数字基础设施也能够极大地加速数字化转型的进程，其不仅能够改善企业经营状况，还能增加地区市场竞争程度并带动互联网服务业发展，由此帮助企业完成数字化转型（王海等，2023）。赵琦和钟夏洋（2024）对资本市场的研究发现，中小企业的数字化转型进程也得益于资本市场分层的改革，首先是提高了企业信息透明度，其次是促进企业进行内部结构性质的改革，对企业的数字化转型产生了间接作用。除此以外，随着产融合作的发展，产融合作也将促进中小企业数字化转型，并且会赋能新型工业化建设（宋艳飞等，2024）。

三是关于企业的绿色化转型决策。数字化升级不仅激发了企业对环境可持续转型的积极追求，还通过优化信息流通，为企业的这一转型过程提供了更为丰富的资源支持。这一过程揭示了数字化进程如何为企业自身的绿色发展注入新动力，加速其向生态友好型经营模式的转变（林川、吴沁泽，2024）。有研究发现，数字经济在推动工业向环境友好型发展过程中起到重要作用且存在空间效应。这种影响不仅体现在直接促进工业的绿色化进程，还通过间接途径发挥作用。此外，数字经济对工业绿色转型的推动作用并非线性，而是受到环境政策和创新技术的复杂影响，展现出非线性的发展态势（冯曦明、龙彦霖，2022）。不仅如此，随着金融科技的发展，数字经济也能够赋能企业的绿色化转型，可以通过优化企业的财务状况来降低企业风险，可以帮助企业进行更加深度的发展（吴非等，2024）。除了数字化带来的促进因素以外，金融市场的变动也会影响企业的绿色转型。金融市场的利率自由化改革为企业的可持续发展提供了积极的推动力。通过减少货币政策的不稳定性，这一改革有助于缓解市场波动对企业运营的干扰。同时，利率市场化还增强了银行系统的信贷能力，提高了资金的流动性和可获得性，从而为企业在绿色发展道路上的快速前进提供了有力支持（向海凌等，2023）。银行领域内的竞争加剧对企业实现环境友好型转型具有显著的催化作用。这种竞争不仅能有效减少企业获取资金的成本，还因其显著的外部效应，为企业提供了一个更加有利的金融环境。由此可见，促进银行业的市场竞争，对于推动企业在绿色发展道路上的步伐具有积极的影响（周泽将等，2024）。此外，绿色信贷也能促进企业的绿色转型，资金数量和价格的限制、资金成本和绿色代理成本对于不同企业的影响效果不同（吴婷婷、王通达，2023）。除了受到国内因素的影响，企业在全球价值链中的深入参与显著提升了其在环境可持续性方面的表现。这一现象主要得益于企业倾向于采用进口的中间产品来替代传统的能源密集型输入，从而减少了对能源的依赖和消耗。这种转变不仅降低了企业在能源使用上的经济负担，还有效提高了其在绿色发展方面的整体水平（裴建锁等，2024）。

简要评述：随着可持续高质量发展理念的提出，企业面临着创新、数字化、绿色化等决策。企业的创新决策是一个传统的问题，受到了众多因素的影响，随着时代的变化也逐渐朝着绿色创新的方向发展。企业的数字化和绿色化是随着技术的进步逐渐产生的，虽然两者的影响因素不同，但两者之间是紧密联系的。与上述的研究不同，本书关于企业的创新决策的研究中，综合考虑了消费者行为、融资约束和权力结构对企业创新决策的影响；本书对于企业的数字化转型决策的研究中，探讨了不同的补贴方式、不同的技术研发和不同的政府责任划分制度下数字企业网络的动态演化过程；本书关于企业的绿色化转型决策的研究中，探讨了在企业绿色化转型的背景下供应链当中的融资问题，考察了不同消费者的绿色偏好如何影响企业的融资问题。

四、消费者行为决策

消费者行为决策是市场营销和经济学领域中的一个重要研究方向。消费者的购买行为不仅受产品和服务本身的影响，还受到心理、社会、文化等多种因素的综合作用。随着技术的发展和市场环境的变化，消费者行为研究变得越来越复杂且具有挑战性。本节综述了国内外有关消费者行为决策的文献，探讨了不同理论模型和实证研究的主要发现，并对未来的研究方向提出建议。

在国外，消费者行为决策的研究内容广泛且深入。早期的研究如 Ferreira 和 Oliveira-Castro（2011）探讨了购物环境中的背景音乐质量对消费者行为的影响，其结果表明，高质量的背景音乐能够增加现金流和消费者的愉悦感，这说明环境因素在消费者决策中扮演重要角色。Horng 等（2018）发现，认知和情感形象在环境营销策略和行为意图之间具有不同的中介作用，进一步揭示了情感和认知在营销策略中的不同影响路径。近年来，科学技术的发展显著改变了消费者行为研究的方向。Ltifi 和 Mesfar（2022）研究了区块链技术对消费者态度和恢复力的影响，发现企业的社会责任能够正向影响消费者的态度和恢复力，并进一步影响其行为意图和实际行为。

这表明企业在技术应用中应关注社会责任，以提升消费者的信任和品牌形象。Crespo 等（2023）研究了智能包装对食品安全事件中消费者行为响应的影响，发现消费者在收到风险信息后愿意支付更高的费用以采取预防措施，这凸显了信息透明度在消费者决策中的重要性。Schwendtner 等（2024）研究了危机期间年龄对零售行为变化的影响，发现老年消费者在危机期间表现出更稳定的购物行为，这为危机管理提供了重要的消费者行为视角。Nocella 等（2023）探讨了讲故事在消费者品牌关系中的作用，发现讲故事能够通过认知和情感响应改善消费者的购买意图，这显示了品牌沟通中情感联系的重要性。Hu 等（2022）研究了新冠疫情恐惧对消费者绿色产品购买意图的影响，发现疫情恐惧通过健康关注和社交媒体信息等中介变量影响购买意图，凸显了健康与安全在消费决策中的重要地位。Ghosh 等（2024）通过实证研究发现，影响者特征显著影响 Z 世代消费者的行为意图、情感和自我构建，且消费者情感对行为意图有负面影响。该研究为营销者提供了设计影响者营销活动的启示，特别是如何利用影响者特征来优化营销策略。Mills 等（2023）讨论了人工智能在行为科学中的应用，认为人工智能可以识别消费者行为中的新偏差和已知偏差，并个性化行为干预，从而显著改善消费者福利。然而，使用人工智能也带来了隐私和选择操纵等问题，这提示了在技术应用中需要平衡技术收益与潜在风险。

国内对消费者行为决策的研究也取得了一定成果。早期的研究如黎志成和刘枚莲（2002）在电子商务环境下，分析了消费者行为的特点和影响因素，并建立了基于计划行动理论的消费者行为模型，帮助理解线上购物决策过程。韩睿和田志龙（2005）通过实证研究分析了不同促销类型对消费者价值感知与购买行为的影响，发现买赠、返券和打折促销对消费者交易价值感知和消费行为意向的影响存在差异，为企业制定促销策略提供了参考。冯建英等（2006）综述了购买意愿的相关研究，探讨了其内涵及与购买行为的关系、理论基础和方法、影响因素及测算方法，并提出了对我国消费者行为研究的建议。文化因素对消费者行为的影响也受到重视。李东进等（2009）通过研究中国文化对消费者购买意向的影响，提出了适应中国文化背景的合理行为模型，为本土化营销策略提供了参考。周建和杨秀祯（2009）通过实证研究，发现了农村消费行为中的城乡联动机制及其重要影响因素，提出了启动农村消费的途径和措施，丰富了城乡市场一体化的研究。企业社会责任对消费者行为的影响是另一个重要领域。马龙龙（2011）探讨了企业社会责任对消费者购买决策的影响，发现这种影响因消费者人格特质的不同而有所差异，说明了个体差异在决策中的作用。在跨文化研究方面，叶德珠等（2012）采用行为经济学模型，分析了东西方消费文化差异对消费行为的影响，提出了消费过度和消费不足的形成机制。吴瑶等（2017）基于服务主导逻辑和动态能力理论，探讨了企业营销从以产品为核心向以消费者为核心转变的过程，提出了企业与消费者合作产生价值共创的模式，强调了消费者在价值创造中的积极角色。此外，电商平台的用户体验研究也得到学者的关注。李宗伟等（2017）研究了在线购买决策的影响因素，发现在线评论长度、商品销量、卖家信用等级等因素对消费者的在线购买决策具有正向影响作用，为电商平台优化用户体验提供了依据。金融因素对消费者行为的影响也是一个重要方向。臧旭恒和张欣（2018）研究了资产结构对消费者行为的影响，发现不同资产结构下的消费者行为存在显著差异，为金融产品设计和营销提供了理论支持。

简要评述：消费者行为决策作为一个多因素影响的复杂过程，已经在国内外得到了广泛的研究。国外研究侧重于理论模型的构建和实证分析，而国内研究则更多地结合中国市场环境，提出了有针对性的研究结论。从供应链的发展历程来看，研究逐渐从传统的营销策略转向了新技术应用、社会责任、环境因素等多维度的综合探讨。未来的研究应进一步结合大数据和人工智能技术，深入探讨消费者行为决策的动态变化和影响机制，以更好地指导市场营销实践。

第二节
理论与模型

一、非合作博弈理论

在传统微观经济学中，个体决策的过程分析通常基于给定价格和收入条件下的效用最大化。然而，现实决策往往涉及对其他参与者行动的考量，决策者之间的行为相互影响。1944 年，Von Neumann 和 Morgenstern 的著作《博弈论与经济行为》(*Theory of Games and Economic Behavior*)使博弈论正式成为一门学科，博弈论的主要工作就是对此类互动决策行为的深入研究。根据在决策时决策主体间是否可以达成具有约束力的协议，可以将博弈论划分为合作博弈(Cooperative Game)和非合作博弈(Non-Cooperative Game)，其中非合作博弈因在现实世界中的广泛应用，在当代博弈论研究中占据更为重要的地位。

非合作博弈主要采用模态逻辑进行建模，对各决策方的行为进行严格的验证与分析，重点研究单个决策者的行动及其结果(Königsberg，2021)。根据决策者的行动是否有先后顺序，可以将博弈划分为静态博弈和动态博弈；再根据是否对其他决策者有完备认知，进一步将博弈划分为完全信息博弈和非完全信息博弈。

纳什均衡作为非合作博弈的核心概念，属于完全信息静态博弈的范畴。纳什均衡的核心思想是，在其他决策方不改变其策略的情况下，任何一个决策者单独更改其策略都不能使其获益(Nash，1951)。Nash 证明了对任何 n 人有限非合作博弈，均能找出均衡点。古诺均衡就是纳什均衡的一个特例，在这种理论下，多个生产者通过选择生产量来最大化其利润，其中每个公司的生产决策是对其他公司生产决策的最优反应(Bonanno，1986)。另一种完全信息静态博弈理论是混合策略纳什均衡，其允许参与者选择概率分布作为其策略，在某些博弈中，特别是纳什均衡不存在时，都能找到混合策略均衡解(Bajari et al.，2010)。除此之外，完全信息静态博弈还包括支配策略均衡、进化稳定策略等。

子博弈纳什均衡是完全信息动态博弈的一个重要概念。子博弈纳什均衡是一组策略，它在所有可能的子博弈中均为纳什均衡。这一理论适用于包含多个决策阶段的动态博弈(Selten，1965)。子博弈纳什均衡确保了策略不仅在整个博弈中都是最优的，还在任何一个从中间节点开始的子博弈中也是最优的(Hassin and Haviv，2002)。递归归纳法常被用于解决完全信息动态博弈，通过从决策队列的末尾向前推导来确定最优策略，这种方法在几乎完全信息的零和博弈中同样适用(Ponssard，1975)。

John C. Harsanyi 对贝叶斯纳什均衡进行了进一步的发展，将不完全信息博弈转化为具有不确定性因素的博弈（Nau，1992）。在贝叶斯博弈中，每个决策者的类型各异，由于信息的不完全性，其他参与者的类型存在不确定性，这种不确定性可以通过概率分布来表达，贝叶斯纳什均衡就是在这种概率分布下达成的策略均衡（Haimanko，2021）。在重复博弈中，决策者可以通过不断学习和调整，逐渐趋近于贝叶斯纳什均衡，从而实现对博弈的优化（Kalai and Lehrer，1993）。

精炼贝叶斯纳什均衡又对贝叶斯纳什均衡进行了进一步改进和细化，通过引入额外的标准和条件，排除不合理的均衡，确保各种策略在更广泛的情况下的最优性。Wu 和 Jiang（1962）首次提出了 n 人非合作有限博弈的本质均衡概念，这是对纳什均衡早期精炼。此后，Selten（1965，1975）提出了子博弈纳什均衡和"颤抖手"均衡理论。Myerson（1978）提出了恰当均衡，Kreps 和 Wilson（1982）提出了序贯均衡等，这些都是该领域的重要贡献。Kohlberg 和 Mertens（1986）对均衡精炼方法进行了总结，提出了公理化的 KM 条件，核心在于寻找对策略集扰动具有稳定性的均衡点集。他们定义了几种稳定集的概念，但没有一种完全符合 KM 条件，此后学者将研究重心改为稳定集改进。

二、合作博弈理论

合作博弈是指当协议有外部力量来保证实施和执行时的博弈行为。例如，经典的囚徒博弈，当这种同盟有外部力量驱使其完成时，该博弈行为就被视为合作博弈。一般认为，合作博弈发生时，合作方的合作利益大于内部成员单独开展行为时的收益，并且对于联合体内部之间会存在帕累托改进的性质的分配规则。设为参与集合值，S 为 N 的一个联合（$S \in N$），$v(S)$ 是联合集上的函数。当 $v(S) \geq \sum v(i)$，（$i \in S$），这时可认为合作博弈是非本质的。反之则认为合作博弈是本质的，此时，可以认为此时存在净增长收益的一个联合。也就是说，在合作博弈的行为下存在"双赢"的局面，参与方能获得相对较高的收益。

Nash（1950，1953）对合作博弈的发展做出了卓越贡献，他研究了非合作博弈中局中人的合作行为，发现局中人之间存在讨价还价的过程，并且理性的局中人都是以利益最大化为出发点的。如果把合作博弈视为做大"蛋糕"的话，那么，在做大"蛋糕"和自身利益之间，局中人不会选择自身利益最大化来破坏合作。因此，合作博弈中充分考虑了局中人的所有联盟利益，从而保证大联盟合作。同时，Nash(1950)发现合作博弈的讨价还价问题可以通过个体理性、Pareto有效性和对称性等得到讨价还价解。后来学者们也进行了讨价还价理论研究，如 Kalai(1977)的非对称 Nash 讨价还价解，Perles 和 Maschler(1981)证明了对于个人理性讨价还价问题，存在一个凹连续解函数。

近年来，合作博弈已经广泛应用在公司治理、供应链管理、风险决策等领域。在研究中大多采用 Shapley 值法和改进的核心法等方法去解决企业股权分配、高管激励、运输、机场博弈、收益分配等问题，取得了一系列成果。

关于合作博弈中核(Core)、核仁(Nucleolus)Shapley 值的理论研究，国内外学者均开展了大量研究。国外研究者在核的研究中普遍认为其是满足个体理性、联盟理性和集体理性分配的集合，包含了没有联盟愿意脱离的所有分配方案。Bondareva(1963)指出当且仅当合作博弈处于平衡时核非空。Ichiishi(1981)在考虑核的非空性、个体理性、超线性和弱约简博弈性等的基础上得出了凸博弈和核的关系。Leng 和 Parlar(2010)采用代数方法，通过计算三人特征函数形式合作博弈的核仁，得出了空核和非空核情形的计算公式，并得出非空核情形下不同联盟的价值函数所引起的五种可能情况的核仁解。具体博弈情境中的 Shapley 值大多是根据各种经济和社会情形提出来的。Aumann 和 Dreze(1974)考虑了相互独立的联盟结构来扩展 Shapley 值；Borm 等(1992)、Myerson(1977)、Bloch 和 Jackson(2007)针对一些局中人的子集无法形成可行联盟时进行扩展。

国内学者们在核、核仁和 Shapley 值方面也开展了大量研究，取得了一系列研究成果。侯东爽和孙浩(2008a)在广义特征函数的合作博弈上研究了值和核的关系。胡石清(2018)运用宗系核解决了 Shapley 值不满足个体理性和部分联盟特征值缺失等问题。南江霞等(2023)将核解的概念运用到多目标合作博弈公平分配的研究中。江彬倩等(2020)在构建了带有与联盟、目标相关的综合权重的多目标合作博弈的基础上，提出含有关联目标与无关联目标的混合多目标合作博弈最小二乘预核仁和核仁解的求解模型。邹正兴和张强(2017)基于广义差研究了模糊支付合作博弈的广义 Shapley 函数，给出了该函数的公理化体系。侯东爽和孙浩(2008b)在对机场博弈的研究中发现合作博弈的 Shapley 值，它是满足传递性、交换性、概率有效性和哑元性的唯一解。于晓辉等（2020）研究发现 Shapley 值可以扩展为联盟 Shapley 值形式，并且扩展后的该公理能允许部分局中人合伙加入大联盟。宫豆豆等（2022）在研究博物馆通票问题时，发现在考虑联盟边际贡献的情况下，双边配给问题存在一个 Shapley 解，并且该解是唯一满足优先一致性的有效配给方案。

三、复杂网络

复杂网络模型的构建是基于对网络模型的研究。网络是一种由大量的边通过端点之间接触所形成的图结构，它是由节点和节点之间的连接所组成。网络理论的三个发展阶段分别为规则网络阶段、随机网络阶段和复杂网络阶段。数学领域的拓扑科学的深入研究和图论的发展使规则网络理论开始出现，而为了通过网络模型将现实系统进行更好的仿真，有学者提出了以图论为基础的复杂网络的建模，通过图结构中节点及边的动力学拓扑属性进行计算来度量复杂网络（Costa et al.，2007）。复杂网络中的三大重要理论分别是小世界理论、无标度理论以及对社交网络中弱连接的深入研究。在投资者的社交网络中，节点为单个投资者，边为投资者之间的交流渠道，有边进行连接的两个节点互为邻居节点。本节首先概述复杂网络的基本性质和属性，其次介绍一些复杂网络模型的特性和构造算法并进行对比分析。

在复杂网络模型中，网络图中单个节点所连接的线段的数目被称作该节点的度，而能够描述所有节点度的分布情况被称为度分布，是关于度的概率分布函数，常见的顶点度分布有泊松分布、幂律分布以及指数分布等。不仅如此，复杂网络模型还能通过节点度描述平均路径长度和群聚系数、介数及中心性等复杂网络中最重要的特征。除了通过节点描述复杂网络模型，复杂网络模型的多样性特征可以通过多种拓扑属性来刻画，包括但不限于局部有效性、全局有效性、度相关性、相配性系数、连接密度、连接耗费等。而这些特征均需要根据无标度性等基本属性来计算。因此，对于现实生活中的复杂网络，都可根据拓扑属性相关计算得出。

最早的规则网络理论认为是规则图形形成了网络模型，而之后的随机网络模型理论（Erdös and Rényi，1959）则认为，在现实的网络系统中网络则是完全随机的。复杂网络理论则认为，网络模型既不是完全由规则图形组成，也不是完全随机的，复杂网络理论中的小世界网络模型（Watts and Strogatz，1998）通过调整规则网络中的随机性的演化算法发现，现实网络在完全规则和完全随机之间，其平均路径长度远小于规则网络，聚类系数远大于随机网络，具备与随机网络和规则网络都不同的拓扑属性。Barabási 和 Albert（1999）发现，万维网网络的度分布服从幂律分布，标度不变，并不像随机网络图那样服从泊松分布。下面分别介绍规则网络、随机网络、小世界网络和无标度网络。

（一）规则网络

规则网络是指网络模型中的各个节点依据确定的规则连接而成，用来模拟现实世界中的各个系统的相关关系。规则网络由大量基本单元组成，是将网络节点和边通过一些确定性的基本形式组成。规则网络的拓扑属性表现为：各个节点的度分布和群簇系数相同；平均度与网络节点个数无关；平均路径长度与网络节点个数成正比，因此当网络较大时，平均路径长度较大，聚类系数较大，也与节点个数无关。

规则网络中最简单的网络模型为最邻近耦合网络，由一些节点组成圆环，其中每一个节点只和它邻近的几个邻居节点相连接（见图2-1）。其他典型结构还有一维链式结构和二维欧几里得网络，一维链式结构与最邻近耦合网络的生成规则类似。

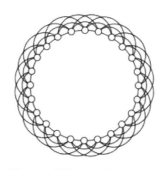

图2-1　最邻近耦合网络模型

资料来源：Newman M E J. Models of the Small World［J］. Journal of Statistical Physics，2000（101）：819-841.

（二）随机网络

随机网络是指网络中各个节点通过随机的形式进行连接而不是规则网

络中的确定性方式。随机网络由 **N** 个节点组成，每个节点都以 **P** 的概率与其他节点进行连接，如图 2-2 所示。数学家 Paul Erdös 和 AlFred Rényi 于 1960 年在图论的基础上加入了概率学方法从而提出了随机图理论，之后随机图理论发展成为 ER 模型。

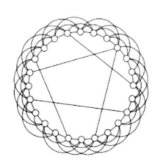

图 2-2　随机网络模型

资料来源：Newman M E J. Models of the Small World［J］. Journal of Statistical Physics，2000（101）：819-841.

在 ER 模型中，度分布、平均路径长度和群簇系数的相关特征属性为：

(1) 平均度服从二项分布。由于各个节点之间的连接概率相同，均为 P，因此度分布 $P(k)$ 将服从 $B(N-1, p)$ 二项分布：

$$P(k) = C_{N-1}^{k} p(1-p)^{N-1-P} \tag{2-1}$$

而当 N 趋向于无穷大时，度分布 $P(k)$ 服从泊松分布：

$$P(k) = \langle k \rangle^{k} / k! \ e^{-\langle k \rangle} \tag{2-2}$$

其中，$\langle k \rangle$ 表示平均度：

$$\langle k \rangle = p(N-1) \approx Np \tag{2-3}$$

(2) 平均路径长度短且以对数的形式增长。用 l_{rand} 表示平均路径长度，$l_{rand} \sim nN / \ln \langle k \rangle$ 可用来估计随机网络的平均路径，其中 N 表示随机网络的总节点数。

(3) N 趋于无穷大时群簇系数趋近于 0。在随机网络中，各个节点之间进行连接的概率均为 P，也就是说随机网络的群簇系数等于概率 P，约等于平均度与网络总节点数的比值：

$$C_{rand} = p \approx \frac{(k)}{N} \tag{2-4}$$

其中，C_{rand} 与 N 成反比例关系，表明真实世界网络中的群聚特性不能很好地被随机图模拟出。

(三) 小世界网络

从对规则网络和随机网络的研究中可以发现，在聚类系数特征方面，规则网络与现实系统更加吻合，而在平均路径长度方面，随机网络能更好地刻画现实系统，现实网络实际上是结合了规则网络和随机网络的特性。

Watts 和 Strogatz(1998)同时考虑了规则网络理论和随机网络理论，基于规则图加入了随机网络理论，提出了小世界网络模型(WS 模型)，小世界网络模型同时具备规则网络理论中的大聚类系数特征和随机网络理论中的小平均路径长度特征，其特征属性具体表现为：一是平均路径长度较短，各个节点之间的平均距离与连接数量成反比。小世界网络模型的平均路径长度为 L，通过 $L \sim \ln(N)/\ln(K)$ 可估计出来。二是群聚系数较大。当概率 P 趋近于无穷大时，群聚系数为 $C(0) = 3(K-1)/4(K-1)$，表明群聚系数与概率 P 成正相关关系。三是度分布接近于轻尾的泊松分布。

小世界网络模型(WS 模型)的构造算法略微复杂，其算法主要依循规则性和随机性原则。首先为规则性，将 N 个节点进行连接组成环形网络，每个节点都与其两边各 $K/2$ 节点相连，并且要求 $N \gg K \gg \ln N \gg 1$，以期达到小世界网络模型的连通性和稀疏性；其次为随机性，小世界网络模型中的任意两边都以相同概率 P 随机进行重连，其中任意一条边的一个端点固定，另一个端点随机重连，没有自连和重连的其他情况。

小世界网络模型兼具规则网络和随机网络的特性(见图 2-3)，当概率 P 为 0 时，小世界网络模型表现为规则模型。当概率 P 为 1 时，小世界网

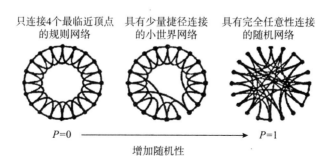

只连接4个最临近顶点　　具有少量捷径连接　　具有完全任意性连接
的规则网络　　　　　　　的小世界网络　　　　　的随机网络

$P=0$　　　　　　　　　　　　　　　　　$P=1$

增加随机性

图 2-3　小世界网络模型

资料来源：Watts D J, Strogatz S H. Collective Dynamics of 'Small-World' Networks[J]. Nature, 1998, 393(6684): 440-442.

络模型中的各边以随意规则相连，表现为随机网络模型，当概率 P 在 $0 \sim 1$ 时，小世界网络模型同时包含规则网络模型和随机网络模型的特征，一方面重连规则使任意两个节点之间的距离不再是原规则网络中的最短距离，引入重连之后的直线在很大程度上能够减少节点特征路径长度，被称为捷径；另一方面捷径对网络中群聚系数的大小没有影响。

(四) 无标度网络

小世界网络虽然包含了随机网络和规则网络的特性，能够很好地模拟出真实系统，但从节点的分布来看，无论是随机网络还是小世界网络，其节点都服从泊松分布，也就是节点呈现均匀或指数形式，但在现实世界的真实系统中，网络中的节点其实是幂律分布。Barabási 和 Albert（1999）认为，网络系统中存在着节点增长和偏好连接这两个基本机制，而在真实网络中，网络的增长也主要是通过节点的不断增加来实现的，并且是依据偏好来进行连接的。依据该理论，通过演化得出网络的度服从 $P(k) \sim 2m^2 k^{-\gamma}$ 的分布，被称为无标度模型，在无标度模型中网络节点处于无标度状态，幂律指数与节点个数无关。

相比基于理论建模，主要讨论系统的随机性和确定性的小世界网络模型，无标度网络模型更多的时候基于真实网络的特性来构建模型，因此其所具备的特性为：一是存在严重的异质性。大多数节点的连接较少，而少数被称为 Hub 点的节点却有非常多的连接，这些少数 Hub 点对无标度网络的运行有重要的影响作用。二是具有重尾特性的幂律分布。从模型上可以看出，无标度网络中的度分布 $\{p(k)\}$ 具有幂律分布中的重尾特性：$p(k) \sim k^{-\gamma}$，$k>1$，$\gamma>1$，其中称 γ 为无标度指数。从其数学形式上可以看出，幂律分布是具有重尾特性的网络，这一特征保证了少数节点能有大量的边与其相接，该现象的出现是网络生成时择优选择规则下的必然结果。三是同时存在鲁棒性和脆弱性。具体表现为出现随机故障时存在鲁棒性，出现蓄意攻击时存在脆弱性。在无标度网络中存在着少数拥有非常多节点的 Hub 点，这些 Hub 点在面对随机的故障时有较大的承受能力，而面对蓄意攻击时则显得十分脆弱。而这种鲁棒性和脆弱性的同时存在对无标度网络的容错能力和抗攻击能力的影响较大。四是具备短路径和簇系数偏小的特征。在无标度网络模型中，平均路径长度 $l \sim \ln N / \ln \ln N$，簇系数 $C \sim N^{-0.75}$，当节点个数 N 趋于无穷大时，平均路径长度趋向为 0。

第三节
本章小结

　　本章在对供应链金融、政府行为决策、企业行为决策和消费行为决策四个方面进行文献回顾和综述的基础上，系统地介绍了非合作博弈、合作博弈和复杂网络的相关理论与模型。供应链上的各个企业之间相互关联从而形成一个系统，通过这个系统，各个企业之间可以利用自身企业优势相互帮助，从而达到缓解资金压力以提高资金效率的目的，在一定程度上解决了企业融资约束问题。在这个由各个相关企业组成的特殊系统中，不同参与者不仅可以显著缓解其内部的资金压力，还可以增强生态系统内企业间的信任关系以及其供应链系统的竞争优势，并且随着计算机技术的迅猛发展，供应链金融也变得更加普遍与高效。而博弈论方法是一个相对完善、内容丰富的理论体系，在理论界和实务界得到了广泛的应用和推广。本章通过供应链金融、博弈理论和复杂网络相关理论的阐述，展现了供应链金融决策博弈原理及应用的研究现状，对于本书模型的构建和各个领域的相关研究具有较大的启发和借鉴作用。

中小企业投融资市场风险
共担机制决策模型构建

第一节
问题的提出

国际大型金融投资机构总收入的50%以上主要来源于非利息收入,有的甚至占到总收入的80%[①]。在中国,传统的利差收入才是金融机构的主要收入来源之一,非利息收入占总收入的比例不到30%,而营业收入更多地来源于"二八定律"中20%的优质大客户,并非80%的长尾"小微"客户(Stiglitz,2009;王宗润等,2016)。截至2021年末,全国中小微企业数量达4800万户,10年增长2.7倍。我国中小微企业法人单位数量占全部规模企业法人单位的99.8%,吸纳就业占全部企业就业人数的79.4%[②]。由此可见,中小企业已成为我国经济发展中不可或缺的重要组成部分,在提升就业水平、改善民生、促进国民经济平稳高速和有序增长及推进创新型国家建设中发挥着重要作用。2019年艾瑞咨询调查显示,我国中小企业中仅有12%的头部企业能获得银行贷款,中小企业总融资缺口高达20余万亿元。2021年,世界银行国际金融公司中国项目开发中心以随机抽样调查方法对成都、绵阳、乐山三地601家中小企业流动资金来源结构的调查显示,企业内部自身积累78.1%、向银行贷款9.65%、民间借贷5.07%、商业信用3.25%、其他非正规融资3.93%。中小企业作为我国金融市场中的融资主体,民间借贷一年期利率通常在14%~19%,而最高可达20%以上(潘彬、金雯雯,2017;潘彬等,2018;Manzoor et al.,2021)。我国中小企业的社会贡献度与其贷款数量和贷款成本间存在着极度不平等关系。

近年来,随着各大投资机构在争夺优势企业贷款资源进入饱和状态

[①] 华西证券.银行业专题报告:海外银行非息收入的发展借鉴和投资建议[EB/OL].雪球,[2021-11-09].https://xueqiu.com/9508834377/202595103.

[②] 王政.10年增长2.7倍,质量效益不断提升——全国中小微企业数量达4800万户[EB/OL].中华人民共和国人民政府网,[2022-09-02].https://www.gov.cn/xinwen/2022-09/02/content_5707953.htm.

后，利润增速大幅放缓(Xu et al.，2019)，传统的盈利模式面临严峻挑战，其中存在的最大问题是传统金融投资机构对信用的巨大浪费。传统金融投资机构要求中小企业在融资时提供不动产抵押担保或者第三方担保(Cao et al.，2021)，以规避信贷风险。中小企业由于受资产规模、竞争实力、自有资金等的约束，往往缺乏有效资产抵押(Rao et al.，2021；Wen et al.，2021)。实际上，中小企业融资难、融资贵的问题依旧存在。

鉴于中小企业自身的局限性，国内外关于解决中小企业融资难的研究主要集中于以下商业模式：①传统融资模式主要有应收账款融资模式(Bordino et al.，2020；Singh et al.，2021；Yan et al.，2021)保兑仓融资模式(Shen et al.，2020；林强等，2017)和融通仓融资模式(Viveros，2021)。②互联网融资模式主要有第三方支付、P2P网贷、大数据金融、众筹、信息化金融机构、互联网金融门户等(杜梅慧等，2021；Tenner and Hörisch，2021；王春岚等，2021)。传统融资模式和互联网融资模式确实为缓解中小企业融资难的问题提供了一系列可行的办法，但仍有许多现实问题没有得到有效解决(解维敏等，2021；刘露等，2021)。一是传统融资和互联网融资模式下均要求投资机构具备强大的信息管理平台和相关行业经验，能充分了解中小企业供应链上下游各产业运作模式，能有效甄别中小企业重复抵押、虚假交易等各类欺诈行为。可由于搜寻成本等因素的困扰，投资机构很难对中小企业进行核实和监管。二是已有研究大多仅把以银行为代表的传统投资机构作为中小企业的融资渠道，对电商平台此类新兴投资机构鲜有研究。三是以往研究大多集中于解决中小企业融资难的问题，鲜少涉及中小企业融资贵的问题。

理论上，以互联网为媒介的社交网络环境(吴功兴等，2021；Jasny et al.，2021；吴宝、池仁勇，2021)，一方面，实现了数字信息资源的开放存取，另一方面，让中小企业获取融资信息的方式多样化，使中小企业的融资渠道从单一的银行体系转移到多元化的金融市场体系(张昱昭等，2021)。在多元化的金融市场体系中，电商平台以其得天独厚的优势极易获取中小企业经营状况、往来交易等数据，将数据加以分析即可得知中小企业的信贷信用、融资需求等有效信息，从而在大数据技术的支持下实现资金供需双方智能化匹配。同时，电商平台可以建立自己的物流系统，进行动产质押仓储管理，不仅能有效破解传统信息不对称的难题，减少中小企业信息租金和借贷成本，还能实现信用风险的有效控制，为国家和社会创造更大的经济价值。

因此，以电商平台为依托的金融机构迅速兴起（如蚂蚁金服、滴滴金融、美团钱包、京东金融），它们借助快捷的信息传递、有效的风险控制能力、便捷的支付方式、有效的资源优化配置等优势向顾客提供差异化服务，迅速抢占金融市场。但是电商平台在金融业务的发展中出现了诸如业务混乱、非法经营、虚假宣传等乱象（Bertsch et al.，2020；鲍立江等，2021）。实际上，中小企业获得的贷款成本不降反升，企业经营发展更加举步维艰。

中小企业的困境该如何化解？电商平台在中小企业投融资市场中到底该扮演何种角色？中小企业的借贷成本如何才能降低？区别于已有研究，本章以动产融资①为例，比较中小企业投融资市场中电商平台两种不同参与模式下中小企业融资成本的高低：①电商平台直接参与模式。电商平台作为供应链内部的资金供给方直接贷款给作为资金需求方的中小企业，同时电商平台向投资机构进行外部融资。②电商平台间接参与模式。电商平台仅仅作为信息供应商参与到金融市场活动中，电商平台通过挖掘中小企业经营状况、往来交易等数据，深入分析并得出中小企业信贷信用、融资需求等有效信息，进而有效对接各类投资机构，为中小企业制定个性化金融服务，开拓低成本的融资渠道，实现供求关系智能化匹配。

综上所述，本章借鉴陈其安等（2015）关于最优贷款数量的模型求解方式，定量地刻画和研究电商平台直接参与和间接参与模式下投融资企业间的博弈关系。通过数值算例，分析中小企业的投资成功概率、期望收益分配比例等关键参数对中小企业贷款利率、市场最优贷款数量和参与者期望效用的影响。以期明确多主体参与的社交网络环境动态博弈过程中，中小企业融资的授信额度和融资成本以及三方参与主体期望效用的变化，为中小企业投融资市场的完善提供新的理论依据。

---

①　对于动产融资，平台一般要求借款人经营的产品种类在电商平台动产融资的品类范围内，并且动产能够移入电商平台的仓库以便于监管，以最大限度防止质押资产贬值（夏江皓，2018；高洁超等，2017）。

第一节
基本假设及模型设计

考虑存在投资机构和中小企业以及电商平台(电商平台有直接参与和间接参与两种参与模式)的供应链。从图3-1(a)中可以看出,在直接参与模式下,电商平台作为供应链内部的资金供给方直接贷款给资金需求方的中小企业,同时电商平台向投资机构进行外部融资,且接收中小企业的质押动产在自己的物流仓储中心。从图3-1(b)中可以看出,在间接参与模式下,电商平台作为信息供应商向资金供给方的投资机构提供有关中小企业的信贷信用、融资需求、质押动产动态等信息,实现投资机构和中小企业间资金供求关系智能化匹配。图3-1(c)则描绘了动产在中小企业和电商平台之间的转移过程。

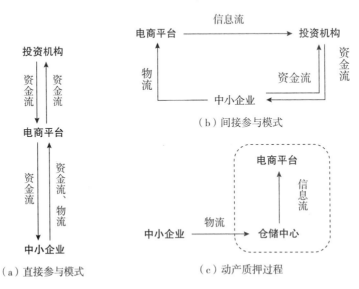

图3-1　电商平台直接参与模式与间接参与模式的供应链关系

在社交网络环境下,中小企业搜寻信息的成本下降、范围扩大,获取融资信息的方式多样化，中小企业能快而准地找到合适的融资信息并作出决策(闫晓雪、纪志坚，2021；Holmstrom and Milgrom，1987)，使中小企业的融资渠道从单一的银行体系转移到多元化的金融市场体系。在多元化的金融市场体系中，电商平台掌握着大量关于中小企业盈利能力、努力程度以及偿债能力等信息，依托电子商务公开透明、数据完整的优势，能大幅度降低资金交易双方因时间不一致、空间不一致、偏好不一致所产生的交易和服务成本，并且可以高效满足客户个性化需求，为中小企业提供简单快捷的融资服务，实现借贷双方的智能化匹配。

因此，本章考虑电商平台作为资金供给方直接贷款给中小企业的直接参与模式，以及电商平台作为信息供应商向作为资金供给方的投资机构提供中小企业信息的间接参与模式，通过数值算例分析在电商平台不同参与模式下，中小企业的投资成功概率、期望收益分配比例等关键参数对中小企业贷款利率、市场最优贷款数量以及参与者期望效用的影响。此外，社交网络环境拓宽了中小企业的融资渠道，使中小企业可以优先选择最优贷款利率，资金供给方根据中小企业给出的贷款利率决定贷款数量。因此，本章参与主体的决策顺序是：第一阶段，中小企业决定最优贷款利率；第二阶段，资金供给方决定最优贷款量。本章采用逆向归纳法求解。

第三节

博弈模型及其均衡解

一、电商平台直接参与模式下投融资决策模型

电商平台直接参与模式下，假设电商平台不存在破产违约风险，其收益取决于中小企业的投资成功概率 p 和借贷数额与仓储动产质押资本的比率 c，在本章中，中小企业以全部动产作为质押物质押给贷款方，根据文献(陈其安等，2015)的假设，本章设定中小企业风险中性，电商平台风险规避。

（一）模型假设

假设 1 假设中小企业的投入产出函数为线性函数 $Y=hy$，其中 h 为中小企业的投入产出比。如果中小企业投资成功，中小企业收益为 hy。如果中小企业投资失败，中小企业收益为 0，电商平台获取其全部质押动产以弥补损失。假设中小企业投资成功的概率为 p，不成功概率为 $1-p$。

$$Y=\begin{cases} hy & p \\ 0, & 1-p \end{cases} \tag{3-1}$$

假设 2 贷款过程分三个时间点 t_0，t_1，t_2 设三个时间点之间的间隔时间段都相等。在 t_0 时刻，投资机构贷款给电商平台；在 t_1 时刻，电商平台贷款给中小企业；在 t_2 时刻，中小企业投资成功，回笼资金还款给电商平台，电商平台还款给投资机构。设 I 为投资机构每单位资金的平均成本，r_1 为投资机构贷款给电商平台的利率。假设电商平台不存在破产违约风险，在电商平台直接参与模式下，投资机构在 t_2 时的收益为：

$$\pi_1=y((1+r_1)^2-(1+I)^2) \tag{3-2}$$

假设 3 在 t_1 到 t_2 时刻的贷款过程中，电商平台每单位资金成本为 r_1，贷款给中小企业的贷款利率为 r_2，且 $r_2>r_1>I$。如此，在中小企业投资成功的情况下，电商平台在 t_2 时的收益为 $\pi_2=y((1+r_2)-(1+r_1)^2)$。在中小企业投资失败的情况下，电商平台在 t_2 时的收益为 $\pi_2=y(c(1+r_2)-(1+r_1)^2)y$。

$$\pi_2=\begin{cases} y((1+r_2)-(1+r_1)^2), & p \\ y(c(1+r_2)-(1+r_1)^2), & 1-p \end{cases} \tag{3-3}$$

假设 4 在 t_1 到 t_2 时刻，当中小企业投资成功时，中小企业的产出为 Y，投入为 y，投入产出效率为 h，整个借贷过程没有违约情况。如此，中小企业在 t_2 时的收益为 $\pi_3=y(h-(1+r_2))$，当中小企业投资失败，中小企业收益为其仓储动产质押资本数的负数，出现违约情况。如此，中小企业在 t_2 时的收益为 $\pi_3=-c(1+r_2)y$。

$$\pi_3=\begin{cases} y(h-(1+r_2)), & p \\ -c(1+r_2)y, & 1-p \end{cases} \tag{3-4}$$

（二）模型求解

根据式（3-4）可以得到，中小企业在 t_1 时收益的期望值为：

$$E(\pi_3)=y(h-(1+r_2))p-c(1+r_2)y(1-p) \tag{3-5}$$

电商平台在 t_1 时，借贷给中小企业 y_1 的贷款额，在 t_2 时回笼资金。根据式（3-3）电商平台在 t_1 时的预期收益和方差分别是：

$$E(\pi_2) = y_1((1+r_2)-(1+r_1)^2)p + y_1(c(1+r_2)-(1+r_1)^2)(1-p) \quad (3-6)$$

$$Var(\pi_2) = (1-p)p\,y_1^2((1-c)(1+r_2))^2 \quad (3-7)$$

由于电商平台是风险厌恶的，借鉴 Holmstrom 和 Milgrom（1987）对期望效用的定义，电商平台在 t_1 时的期望效用为：

$$E[U(\pi_2)] = E(\pi_2) - \frac{1}{2}aVar(\pi_2) = y_1((1+r_2)-(1+r_1)^2)p + y_1(c(1+r_2)-$$

$$(1+r_1)^2)(1-p) - \frac{1}{2}a(1-p)p\,y_1^2((1-c)(1+r_2))^2$$

$$(3-8)$$

其中，a 为风险厌恶系数。

电商平台为了实现自己的利益最大化，应满足一阶条件，即：

$$\frac{\partial E[U(\pi_2)]}{\partial y_1} = ((1+r_2)(p+(1-p)c)-(1+r_1)^2) -$$

$$a(1-p)py_1((1-c)(1+r_2))^2 = 0 \quad (3-9)$$

由式（3-9）可以得到 t_1 时电商平台对中小企业的最优贷款数量为：

$$y_1^* = \frac{(1+r_2)(p+(1-p)c)-(1+r_1)^2}{a(1-p)p((1-c)(1+r_2))^2} \quad (3-10)$$

将式（3-10）代入式（3-5），得出当电商平台期望效用最大化时，中小企业的期望效用为：

$$E(\pi_3) = \frac{(1+r_2)(p+(1-p)c)-(1+r_1)^2(p(h-(1+r_2)))+(p-1)c(1+r_2)}{a(1-p)p((1-c)(1+r_2))^2}$$

$$(3-11)$$

中小企业为了实现自身效用最大化，将 $E(\pi_3)$ 对 r_2 求导，且令其为 0。求解得出中小企业从电商平台贷款的最优贷款利率为：

$$r_2^* = \frac{2hp(r_1+1)^2}{c+p-cp+2cr_1+2pr_1+cr_1^2+hp^2+pr_1^2-cpr_1^2-2cpr_1-chp^2+chp} - 1 \quad (3-12)$$

将式（3-12）回代式（3-10），就能得到中小企业效用最大化后的 r_2^* 值反馈的市场最优贷款数量 y_1^*。

二、电商平台间接参与模式下投融资决策模型

传统模式下，投资机构要求中小企业在融资时提供不动产抵押担保或者第三方担保，以规避信贷风险。中小企业由于受资产规模、竞争实力、自有资金等的约束，往往缺乏有效资产抵押。电商平台间接参与模式下，电商平台作为信息供应商向作为资金供给方的投资机构提供中小企业信贷信用、融资需求等信息，投资机构则根据电商平台提供的信息进行信贷评估，决定是否放贷给作为资金需求方的中小企业。

(一) 模型假设

假设1　假设电商平台间接参与模式下进行一轮借贷行为的时长为直接参与模式的一半，其合理性在于，电商平台作为信息供应商，提供相应信息服务，缩短了中小企业的贷款流程。其贷款流程分 t_0 和 t_1 两个时间点，投资机构在 t_0 时，从电商平台获得中小企业信息，然后根据电商平台提供的信息进行信贷评估，再决定是否放贷给资金需求方的中小企业。在 t_1 时，若中小企业投资成功，资金回笼后按时还贷给投资机构，投资机构按约支付电商平台信息服务费。若中小企业投资失败，投资机构将获得中小企业动产质押品的所有权，用以弥补损失。

假设2　电商平台收集和处理数据的主要目的是服务用户，假设电商平台提供信息的成本为0。投资机构为了让电商平台尽可能提供真实有效的信息，设置了风险收益共享契约，投资机构与电商平台共享中小企业的收益和共担违约风险，参考陈其安等(2015)的研究，投资机构是风险规避的，中小企业和电商平台风险中性。

假设3　假设投资机构按照事先约定的中小企业的期望收益分配比例 d 分配给电商平台，余下 $1-d$ 部分归投资机构所有。则 t_1 时电商平台的收益为：

$$\pi_4 = \begin{cases} d(y(h-(1+r))), & p \\ d(-c(1+r)y), & 1-p \end{cases} \tag{3-13}$$

假设4　假设投资机构以贷款利率 r 贷款给中小企业，一般而言，$r_2 > r > r_1$，投资机构在 t_1 时的收益为：

$$\pi_5 = \begin{cases} y(r-I)-d(y(h-(1+r))), & p \\ y(c(1+r)-(1+I))-d(-c(1+r)y), & 1-p \end{cases} \tag{3-14}$$

中小企业在 t_1 时的收益为：

$$\pi_6 = \begin{cases} y(h-(1+r)), & p \\ -c(1+r)y, & 1-p \end{cases} \tag{3-15}$$

（二）模型求解

根据式（3-15）可以得到，中小企业在 t_1 时收益的期望值为：

$$E(\pi_6) = y(h-(1+r))p - c(1+r)y(1-p) \tag{3-16}$$

投资机构在 t_0 时贷款给中小企业的贷款数额为 y，在 t_1 时投资机构收回贷款本金和利息。根据式（3-14）可知投资机构在 t_1 时的预期收益和方差分别为：

$$E(\pi_5) = y(r-I) - d(y(h-(1+r)))p + y(c(1+r)-(1+I)) - d(-c(1+r)y)(1-p) \tag{3-17}$$

$$Var(\pi_5) = py^2(1-p)(c-r-d+cd+dh-dr+cr+cdr-1)^2 \tag{3-18}$$

投资机构在 t_1 时的期望效用为：

$$E[U(\pi_5)] = E(\pi_5) - \frac{1}{2}aVar(\pi_5) = y(r-I) - d(y(h-(1+r)))p + y(c(1+r)-(1+I)) - d(-c(1+r)y)(1-p) - \frac{1}{2}py^2(1-p)(c-r-d+cd+dh-dr+cr+cdr-1)^2 \tag{3-19}$$

由式（3-19），同理可得，间接参与下，投资机构给中小企业的最优贷款数为：

$$y_2^* = -\frac{p(d-I+r-dh+dr) - (p-1)(c-I+cd+cr+cdr-1)}{ap(p-1)(c-r-d+cd+dh-dr+cr+cdr-1)^2} \tag{3-20}$$

也可求解出中小企业从投资机构贷款的最优贷款利率，即：

$$r^* = \frac{\begin{matrix}(I+d-p+Id-Ip+2dh-dp+hp+2d^2h-hp^2-Idp-dhp-dhp^2-2d^2hp+1)c^2 + \\ \left(\begin{matrix}2p-d-I-Id+2Ip-dh+2dp-3hp+2hp^2-dh^2p^2-2d^2h^2p-Idh+2Idp- \\ 2Ihp+2dhp^2-dh^2p+2d^2hp-Idhp-1\end{matrix}\right)c + \\ 2hp-Ip-dp-p-hp^2+dh^2p^2-Idp+2Ihp+dhp-dhp^2+Idhp\end{matrix}}{\begin{matrix}(p-d-I-Id+Ip-2dh+dp-hp-2d^2h+hp^2+Idp+dhp+dhp^2+2d^2hp-1)c^2 + \\ (I+d-2p+Id-2Ip-2dp+hp-2hp^2-2Idp-dhp-2dhp^2-2d^2hp+1)c + \\ p+Ip+dp+hp^2+Idp+dhp\end{matrix}} \tag{3-21}$$

将式(3-21)回代式(3-20)，就能得到中小企业效用最大化反馈 r^* 值的市场最优贷款数量 y_2^*。

第四节
电商平台两种不同参与模式下的数值模拟分析

本章首先运用 Matlab 软件，通过数值算例分析了电商平台两种不同参与模式下，中小企业的期望收益分配比例 d、中小企业投资成功概率 p 和借贷数额与仓储动产质押资本的比率 c 对中小企业优先选择的最优贷款利率的影响。其次比较关键参数 d、p 和 c 对市场最优贷款数量的影响。最后通过比较 c 和 p 对投资机构、电商平台和中小企业三者最优期望效用的影响，推断出最优的贷款模式。

通过 Matlab 演算，只有当 p 值大于 0.8，h 值大于 1.4 时，此时，市场最优贷款数量大于 0，投融资市场上才会发生借贷活动。再根据文献(王宗润等，2016；潘彬、金雯雯，2017；潘彬等，2018；Manzoor et al.，2021)对参数的数据调查和假设，本章设定基本参数值为：$a = 0.3$；$p = 0.8$；$r_1 = 0.06$；$I = 0.04$；$d = 0.03$；$h = 1.5$。

一、最优贷款利率的影响分析

图3-2表明，在间接参与情况下，当借贷数额与仓储动产质押资本的比率 c 值等于 0.8 时，随着电商平台获取的中小企业的期望收益分配比例 d 值的增加，中小企业优先选择的最优贷款利率 r^* 呈不断上升的趋势。当 $c = 0.9$ 时，随着 d 值增加，r^* 呈不断下降的趋势。总体而言，r^* 随 c 值的增加而下降。r^* 变化趋势不同的原因在于，d 值的增加一方面增加了投资机构的资金成本，另一方面又承担了投资机构贷款风险的损失。当 $c = 0.8$ 时，中小企业质押的仓储动产资本较少，中小企业需要支付较高的利率来获得足够的贷款数量，投资机构的资金成本随着 d 值的增加而增加，投资机构决定着给中小企业的贷款数量，从而能将一部分资金成本转嫁给中小

企业。当 $c=0.9$ 时，中小企业质押的仓储动产资本较多，中小企业可以不支付高额利率就可以获得足够的贷款数量，电商平台共担的中小企业违约风险的损失随着 d 值的增加而增加，从而降低了投资机构的贷款风险，此时投资机构不仅愿意支付电商平台的信息服务费，而且还愿意降低中小企业的贷款利率，增加中小企业的贷款数量。这说明，在电商平台间接参与模式下，中小企业优先选择的最优贷款利率 r^* 是中小企业(资金需求方)和投资机构(资金供给方)双方博弈产生的均衡结果，其寻求的最优利率会受资金供给方资金成本和贷款风险的双重影响。

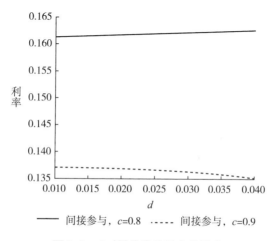

图 3-2 d 对最优贷款利率的影响

图 3-3 表明，随着中小企业投资成功概率 p 值的增加，电商平台直接参与模式下的最优贷款利率 r_2^* 和电商平台间接参与模式下的最优借款利率 r^* 呈不断上升的趋势。随着借贷数额与仓储动产质押资本的比率 c 值的增加，最优贷款利率 r_2^* 和 r^* 整体下降，并且 r^* 总是低于 r_2^*。由式(3-5)和式(3-16)可知，中小企业期望效用是关于 y 的线性函数。因此，无论是直接参与模式还是间接参与模式，当期望收益率 $hp \geqslant [p+c(1-p)](1+r)$ 时，中小企业对于资金的需求均为无限大，并且随着投资项目成功概率的增加，中小企业预期收益率也会不断增加。此时，中小企业会选择与期望贷款数额相匹配的最优贷款利率。同时，由式(3-3)和式(3-14)也可知，在中小企业投资失败的情况下，c 值的增加会导致电商平台或投资机构的损失减少。这说明，c 值的增加会降低电商平台或投资机构的贷款风险，

从而降低中小企业补偿这个贷款风险所应付出的额外贷款利率。

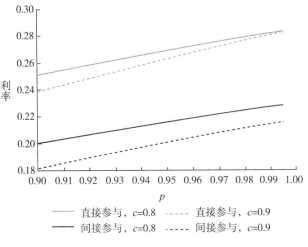

图3-3 p 对最优贷款利率的影响

由图3-2和图3-3可知，随着投资成功概率 p 值的增加，中小企业预期收益率会不断增加，中小企业优先选择的最优贷款利率 r_2^* 和 r^* 呈不断上升的趋势；而电商平台间接参与模式下的最优贷款利率 r^* 总是低于直接参与模式下的最优贷款利率 r_2^*，因此，中小企业会选择电商平台间接参与模式进行借贷活动以及增加借贷数额与仓储动产质押资本的比率 c 值来降低优先选择的最优贷款利率。这说明，在电商平台间接参与模式下，电商平台不仅没有赚取差价，并且还分担了投资机构的贷款风险，因此，投资机构愿意发放更多的贷款数量，从而降低整个市场的贷款成本。c 值的增加会降低电商平台或投资机构的贷款风险，从而降低中小企业补偿这个贷款风险所应付出的额外贷款利率。p 值的增加则让中小企业去积极选择与期望贷款数额相匹配的最优贷款利率。综上可以看出，在市场化利率的条件下，中小企业优先选择的最优贷款利率不仅会受自身期望效用的影响，还会受资金供给方资金成本和贷款风险的影响。

二、最优贷款数量的影响分析

图3-4表明，在间接参与情况下，随着电商平台获取的中小企业的期望收益分配比例 d 值的增加，投资机构的最优市场贷款数量 y_2^* 呈不断上

升的趋势。总体而言，投资机构的最优市场贷款数量随着借贷数额与仓储动产质押资本的比率 c 值的增加而增加。这说明，在电商平台间接参与模式下，投资机构和电商平台的风险共担机制对市场贷款数量的增加起到了积极作用。

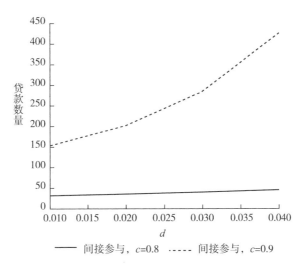

图 3-4 d 对市场最优贷款数量的影响

图 3-5 表明，随着投资成功概率 p 值的增加，直接参与模式下市场的最优贷款数量 y_1^* 和间接参与模式下市场的最优借款数量 y_2^* 呈不断上升的趋势，且曲线凹性。这说明，随着中小企业投资成功概率 p 值的上升，电商平台或投资机构的贷款风险下降，中小企业的预期收益率上升，市场贷款数量的供给量和需求量同时增加，从而引致市场最优贷款数量的增速提高。同时，随着借贷数额与仓储动产质押资本的比率 c 的增加，会进一步加大不同模式之间的市场最优贷款数量的差距。

由图 3-4 和图 3-5 可知，电商平台间接参与模式下的市场最优贷款数量 y_2^* 总是高于直接参与模式下的市场最优贷款数量 y_1^*。在电商平台间接参与模式下，投资机构对于中小企业投资成功概率 p 值、借贷数额与仓储动产质押资本比率 c 值的借贷门槛的要求小于电商平台直接参与模式，而直接参与模式下的电商平台对于中小企业投资成功概率 p 值、借贷数额与仓储动产质押资本比率 c 值的门槛要求相对较高。如图 3-2 和图 3-4 所示，当 $c=0.9$ 时，电商平台的风险共担机制不仅能有效地降低中小企业的

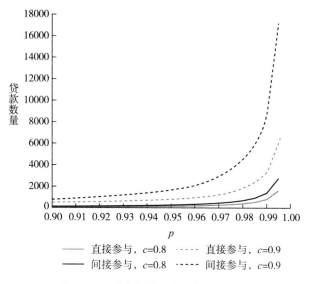

图 3-5　p 对市场最优贷款数量的影响

借贷成本，并且还会增加整个市场的贷款额度。并且 c 值的增加会导致电商平台或投资机构在中小企业违约的情况下，损失减少。这说明，c 值的增加会降低电商平台或投资机构的贷款风险，从而促使它们更多的贷款给中小企业。

三、三方参与者最优期望效用的影响分析

(一)p 和 c 对中小企业最优期望效用的影响

图 3-6 表明，随着投资成功概率 p 值的增加，中小企业最优期望效用呈不断上升的趋势；随着借贷数额与仓储动产质押资本的比率 c 值的增加，中小企业最优期望效用呈不断上升的趋势。这说明，在其他参数不变的情况下，随着投资成功概率 p 值的增加，市场最优贷款数量增加以及中小企业的期望收益率呈不断上升趋势，此时，中小企业的最优期望效用也呈现不断上升的趋势。此外，随着借贷数额与仓储动产质押资本的比率 c 值的增加，市场贷款数量增加以及市场贷款利率下降，将进一步增加中小企业效用。同时，由于电商平台间接参与模式下的中小企业优先选择的最优贷款利率 r^* 小于电商平台直接参与模式下中小企业优先选择的最优贷款利率 r_2^*，电商平台间接参与模式的市场最优贷款数量 y_2^* 大于电商平台直接参

与模式下的市场最优贷款数量 y_1^* 。所以，同一借贷门槛下，在电商平台间接参与模式时，中小企业能用更低的贷款利率借到更多的贷款数量，从而导致电商平台间接参与模式下的中小企业最优期望效用高于同一前提下的电商平台直接参与模式下的中小企业最优期望效用。因此，在社交网络环境下，中小企业将会选择电商平台间接参与的贷款模式，且中小企业具有选择较高投资成功概率的项目和提升借贷数额与仓储动产质押资本的比率来降低整个市场风险的内在驱动力。

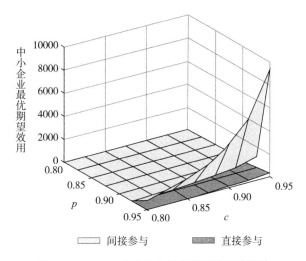

图 3-6　p、c 对中小企业最优期望效用的影响

（二）p 和 c 对投资机构最优期望效用的影响

图 3-7 表明，随着投资成功概率 p 值的增加，投资机构最优期望效用呈不断上升的趋势；随着借贷数额与仓储动产质押资本的比率 c 值的增加，投资机构最优期望效用呈不断上升的趋势。在电商平台直接参与模式下，市场最优贷款数量随着 p 值和 c 值的增加而增加，因此，投资机构最优期望效用呈不断上升的趋势，但增长有限。在电商平台间接参与模式下，市场最优贷款数量 y_2^* 以及中小企业优先选择的最优贷款利率 r^* 随着 p 值的增加而增加，因此，投资机构最优期望效用呈不断上升的趋势。同时，虽然中小企业优先选择的最优贷款利率随着 c 值增加而下降，但贷款数量的增加和投资机构贷款风险的降低可以弥补这方面的利息损失，所以在其他参数不变的情况下，投资机构最优期望效用呈不断上升的趋势。此外，电

商平台间接参与模式下的投资机构最优期望效用高于同一前提下的电商平台直接参与模式。这说明，虽然在电商平台间接参与模式下，中小企业优先选择的最优贷款利率 r^* 是低于电商平台直接参与模式的中小企业优先选择的最优贷款利率 r_2^*，但是授信额度的增加和投资机构借贷成本相对低廉以及电商平台的风险共担机制可以弥补这方面的利息损失。综上所述，在社交网络环境下，投资机构将会选择电商平台间接参与的贷款模式，此外，投资机构会选择更高 p 值和 c 值的中小企业投资，来获得更高的期望效用值，从而降低整个市场的风险。

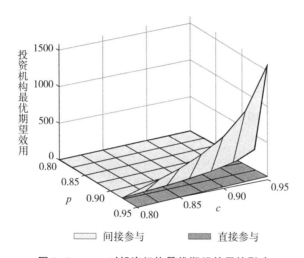

图 3-7 p、c 对投资机构最优期望效用的影响

(三)p 和 c 对电商平台最优期望效用的影响

图 3-8 表明，随着投资成功概率 p 值的增加，电商平台最优期望效用呈不断上升的趋势；随着借贷数额与仓储动产质押资本的比率 c 值的增加，电商平台最优期望效用呈不断上升的趋势。在电商平台直接参与模式下，市场最优贷款数量以及中小企业优先选择的最优贷款利率 r_2^* 随着 p 值的增加而增加，因此，电商平台最优期望效用呈不断上升的趋势。此外，虽然中小企业优先选择的最优贷款利率 r_2^* 随着 c 值增加而下降，但市场最优贷款数量 y_1^* 的增加和电商平台贷款风险的降低可以弥补这方面的利息损失，所以在其他参数不变的情况下，电商平台最优期望效用呈不断上升的趋势。在电商平台间接参与模式下，电商平台的收益与中小企业的期望效用

之间线性相关，而中小企业的期望效用随着 p 值和 c 值的增加而增加，因此，电商平台最优期望效用呈不断上升的趋势。同时，当 p 值处于区间 $[0.8, 0.9]$ 时，电商平台直接参与模式下的电商平台最优期望效用高于同一前提下的电商平台间接参与模式。这说明，虽然电商平台直接参与模式下的市场最优贷款数量 y_1^* 小于电商平台间接参与模式下的市场最优贷款数量 y_2^*，但电商平台间接参与模式下的电商平台信息服务费收益小于电商平台直接参与模式下的利差收益。因此，间接参与模式下的电商平台最优期望效用小于直接参与模式下的电商平台最优期望效用。当 p 值处于区间 $[0.9, 0.95]$ 时，电商平台直接参与模式下的电商平台最优期望效用将低于同一前提下的电商平台间接参与模式。这说明，当中小企业投资成功概率较高时，电商平台间接参与下的电商平台信息服务费收益将大于电商平台直接参与模式下的利差收益，从而实现电商平台主动从直接参与模式转向间接参与模式。因此，在社交网络环境下，在 p 值小于 0.9 时，电商平台将选择电商平台直接参与模式；在 p 值大于 0.9 时，电商平台将选择电商平台间接参与模式。无论哪种参与模式，电商平台都会选择愿意提供 c 值更高的中小企业投资。

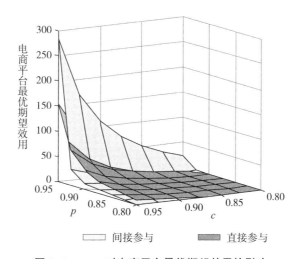

图 3-8　p，c 对电商平台最优期望效用的影响

第五节
本章小结

随着我国资本市场的快速发展，以银行为代表的传统投资机构需要在竞争愈加激烈的市场中寻求到新的利润增长点，而数量激增、贷款需求强烈的中小企业无疑给金融市场带来了新的机遇，而在信息不完全的外部条件下，投融资双方一直无法实现智能化匹配，随着信息技术革命的到来，社交网络环境下的投融资双方成功实现智能化匹配，中小企业能够多渠道获得贷款，但是贷款成本贵的问题却无法得到有效解决。因此，本章在社交网络环境下，构建两种不同电商平台参与模式下的不完全信息动态博弈模型，把视角拉回到我国投资机构在解决中小企业融资贵的问题上，通过数值算例分析，为投资机构利用我国成本低、总量多的储蓄类资金来解决中小企业融资贵问题探讨出一条途径，论证出电商平台间接参与模式下的优越性。在这种模式下，借助电商平台的大数据和云技术，让电商平台和投资机构实现风险共担，使投资机构能尽可能地掌握中小企业的信息，降低投资机构的交易成本和贷款风险，从而扩大中小企业的借贷数额，降低中小企业借贷门槛，同时促进行业良性发展，理论上实现了参与三方整体的帕累托改进。本章主要结论如下：

（1）在电商平台直接参与模式下，由于电商平台是资金的一级甚至多级批发商，中小企业获得比投资机构贷款更高的贷款成本，所以压低了整个市场的借贷需求，造成直接参与模式的最优贷款数量低于间接参与模式的最优贷款数量。

（2）在相同条件的情况下，无论哪个参数变化，电商平台直接参与模式的中小企业寻求的贷款利率高于电商平台间接参与模式的中小企业的贷款利率，以及电商平台直接参与模式的最优贷款数量低于电商平台间接参与模式的最优贷款数量，造成了在相同条件的情况下，投资机构和中小企业在电商平台直接参与模式的期望效用低于间接参与模式下的期望效用。

因此，在电商平台直接参与模式下，投资机构和中小企业有改变现状的动力，从而推动电商平台从直接参与模式向间接参与模式转变；而在风险共担机制下，随着中小企业投资成功概率的增加，市场贷款数量和中小企业效用也在增加，电商平台也会从直接参与模式向间接参与模式转变，但电商平台的转变门槛比投资机构和中小企业更高。但是最终三者会达到一个均衡，整个市场实现帕累托改进。

（3）随着整个市场从电商平台直接参与向电商平台间接参与转变，中小企业的贷款成本下降，从而解决中小企业融资贵的问题。

（4）在社交网络环境下，无论哪种电商平台参与模式，资金供给方（投资机构或电商平台）都会选择中小企业投资成功概率 p 值和借贷数额与仓储动产质押资本的比率 c 值高的中小企业进行投资，来获得更高的效用值，中小企业也会尽可能提升自身投资项目的成功概率 p 值和借贷数额与仓储动产质押资本的比率 c 值，来获得更多的贷款数量和更高的效用值，进而形成了从资金的供需两方一致来降低整个市场的贷款违约风险的良性路径。

本章假设在社交网络环境下，中小企业融资渠道增加，从而能优先选择符合自身禀赋的利率，而投资机构则通过中小企业给出的利率和与电商平台搭建的风险共担机制，实现了贷款利率下降的同时，市场贷款数量增加。本章未考虑电商平台的破产违约风险和其他因素对该模型的影响，在下一步研究中可放松对电商平台的假设。例如，在电商平台的假设中，加入电商平台的流动性限制、参与性约束、激励约束等，从而为中小企业投融资市场的完善提供更符合实践的理论依据。

第四章

不同政府补贴方式的企业数字化
转型决策模型构建

第一节
问题的提出

2022 年 1 月，《求是》杂志第 2 期发表了中共中央总书记、国家主席、中央军委主席习近平的重要文章《不断做强做优做大我国数字经济》。文章指出，发展数字经济意义重大，是把握新一轮科技革命和产业变革新机遇的战略选择。我国应加强关键核心技术攻关，加快新型基础设施建设，推动数字经济和实体经济融合发展。近年来，随着移动互联网、大数据、云计算、人工智能等数字技术的不断突破和广泛应用，各国竞相制定数字经济发展战略并出台激励政策。在此背景下，政府如何制定行之有效的财政补贴政策，中央政府和地方政府间如何协调彼此关系；消费者偏好、技术研发形态、政府补贴策略和央地财权事权责任划分对企业研发数字技术有何影响，这些都已然成为数字经济发展中亟待回答的热点和重点问题。学者从多个角度对此进行了研究，代表性的研究有以下两个方面：

一是从市场驱动的角度来看，数字技术的不断发展与居民消费升级的迫切需要有机结合，致使新的消费模式（纪园园等，2022）与消费行为（林强等，2021）不断涌现，从而倒逼原有的传统企业进行数字化转型使其保持市场地位。一方面，企业利用数字技术与消费者以线上销售的方式建立连接，并选择有利于自身发展的地方政府所辖地设厂生产，实现产销异地，从而避免各级地方政府营商环境差异对企业的不利冲击（王磊等，2022）。另一方面，企业也可凭借大数据、云计算、人工智能等核心技术实时捕捉消费者需求，通过设计方便快捷的数字产品提升消费者体验，增加消费者满意度，进而实现持续增长和创新发展（陈金晓、陈剑，2022；卞亦文等，2019）。尽管企业能够通过研发数字技术获得竞争优势，并赢得市场，但为此投入的过多资源，反而会导致企业在激烈的市场竞争中因资金流断裂而破产（余乐安等，2023）。为减少企业资源投入，有学者研究了合作研发对企业经营策略的影响（Broekel，2013；Ernst et al.，2010）。

其中，朱桂龙和黄妍（2017）通过构建 Logit 回归模型，发现合作研发共性技术明显优于企业单独研发形式。周晓晗等（2021）则通过构建三阶段动态博弈模型，发现只有当研发溢出水平在较低的范围内时，领导企业和追随企业才会建立研发合作关系。

二是从政府驱动角度来看，数字技术的广泛应用不仅能在市场层面上提升经济效率，推动经济发展（江小涓、靳景，2022；王雄等，2022），还能通过重塑各级政府的主体结构、制度权责与业务流程边界，使各级政府能在数字空间中及时有效地进行信息互动，形成了决策、管理和行动等多方面协同的新型社会治理模式（吴克昌、唐煜金，2023）。因此，政府通过补贴等政策手段，改变企业生产成本或研发成本，激励企业研发数字技术，进而通过数字技术赋能自身治理能力的提高是十分可取的。从政府补贴方式来看，主要有两类形式：一类是针对生产者在投入、生产、销售和其他运营过程中实施的生产性补贴（王昀、孙晓华，2017）；另一类是以科研专项、产业转型升级引导资金、技术改造和企业研发等为代表的创新性补贴（彭红星、毛新述，2017）。已有研究探讨了不同政府补贴对企业生产（王珊珊、秦江涛，2022）以及产品创新（郑小雪等，2020）的影响，但在补贴实施效果方面，并未取得一致结论（闵峰等，2021；于晓辉等，2022）。一方面，Sun 等（2022）指出政府补贴可以显著促进制造业企业的绿色创新，民营企业更为明显。另一方面，Chen 等（2008）则认为有些地方政府提供补贴是为了帮助所辖企业进行收益管理，以规避中央政府对企业上市要求的监管，其并不对企业生产经营和产品创新产生实质影响。

实际上，央地关系一直都是政府补贴实施效果差异化问题的重要关注点（刘尚希等，2022）。桂华（2022）认为，合理有序的央地关系应是部分权力下放与部分权力上收同时发生的双向过程。但自 1994 年分税制改革以来，中央政府收入集权和支出分权所引致的财权与事权不匹配又常被认为是地方经济发展诸多问题的制度性根源（冯俊诚，2020）。由此可知，学者们对于如何协调中央与地方之间权力关系的争论由来已久，且并未形成一致结论（Kaufman，1969）。而近年来，随着数字技术的不断发展，中央与地方、地方与地方的权力交互关系开始重塑。一方面，数字技术与政府治理深度融合，各级政府间形成了多中心、网络型、扁平化的治理结构；政府治理模式也从传统单向自上而下的官僚治理变成各个方向平行协调的数字治理，进而形成多元共治、多方协作、多层互动的政府治理新格局(胡海波、娄策群，2019)。另一方面，数字技术降低了地方政府经济发展对地理位置的依赖，有利于地方政府间进行突破地理区位局限的区际合作与竞争，这为长期处于经济落后地区的地方政府推动数字经济，实现该政府区域跨越式发展，缩小与发达地区地方政府之间的经济发展差距提供了机会。

　　值得注意的是，利用数字技术推进数字经济建设，实现企业、政府数字化转型和经济高质量发展是一个庞大而又复杂的系统工程，必须协调统筹好政府、企业和消费者三者之间的关系。一方面，企业数字技术的应用能改变消费者购买方式，实时观测消费者需求，为企业赢得竞争优势。另一方面，政府引入数字技术既实现了中央政府对地方政府政策执行的即时监管，又为各级地方政府合理统筹所辖企业生产经营提供技术支撑。而针对各方主体之间的复杂博弈关系，演化博弈模型常被应用到该类问题的研究中。其中，潘定和谢菡(2021)利用演化博弈模型，充分探讨了数字经济发展战略下政府、企业和消费者三者之间的博弈关系，发现提高政府数字化监管水平，能有效遏制企业依靠信息优势欺凌信息弱势的消费者。而一些学者则指出，当技术创新在复杂社会系统中扩散时，不仅需要考虑参与主体的策略选择，还需要考虑其相互作用形成的网络空间结构(陈恒等，2024)。因此，学者通过一系列研究发现，网络演化动力学模型对于研究企业间技术扩散、消费者间产品扩散(Li et al.，2020a)以及模拟和评估政策制度在技术创新扩散过程中的作用机理(刘佳琦等，2022)都具有较强适应性。

　　综上所述，现有研究分别探讨了政府补贴、央地关系、企业技术研发与企业生产经营、企业创新行为和地方经济发展之间的关系，同时也将不同网络拓扑特征纳入了企业间的演化博弈模型之中。但已有文献仍缺乏在数字经济发展战略下，探讨消费者数字产品偏好、企业数字技术研发形态、政府补贴方式以及央地财权事权责任划分对企业数字化转型决策影响的博弈论研究(杨晓光等，2022)。此外，在博弈模型构建方面，较少有学者将动态均衡博弈模型引入网络演化动力学博弈分析框架。而在博弈模型设计方面，较少有学者区分中央与地方两级政府在利益诉求上的差异，并将地方政府作为主体纳入网络动力学博弈模型，探讨中央与地方、地方与地方、地方与企业间的权力交互关系。也较少有学者区分生产性和创新性政府补贴在补贴目的上的差异，并分析其对企业生产策略选择的影响。鉴于此，本章基于复杂网络和演化博弈理论，先构建了不同政府补贴方式下消费者和企业两个群体之间的 Stackelberg 博弈模型，再以 BA 无标度网络为载体，引入中央和地方两级政府行为异质的因素，展示了不同央地财权事权责任划分制度对企业数字化转型的影响。本章创新性地将 Stackelberg 博弈模型引入网络演化动力学博弈分析框架中，探讨了在不同政府补贴方式、不同技术研发市场以及不同央地财权事权责任划分制度下的数字企业在地方政府间的动态网络演化过程，以期为我国制定用以发展数字经济、促进企业数字化转型的政策提供较有力的理论支撑。

第二节
基本假设和参数设定

本章节主要探讨不同央地财权事权责任划分制度条件下企业是否采用数字技术和政府选择何种补贴方式激励企业数字化转型两个问题。问题牵涉政府、企业和消费者三个主体。其中，中央和地方两级政府根据社会福利是否增长和数字技术水平是否提高进行补贴方式和补贴力度的策略选择，企业根据产品的市场需求量和政府的策略选择进行运营决策和创新行为，消费者根据产品的价格和使用体验给出自身需求。基于上述问题描述，假设如下：

假设 1 整个市场包含 M 个相同且独立并位于不同地理位置的小市场。借鉴两种群演化博弈模型（Bester and Güth，1998；Yi and Yang，2017）设计，假定每个特定的小市场仅包含两个竞争的企业进行单次博弈。其中，企业 1"沿用传统技术"，企业 2"采用数字技术"。

假设 2 企业研发数字技术有"单独研发市场""合作研发市场"两个研发市场。其中，合作研发市场采用数字技术的企业比例为 y，是关于时间 t 的连续可微函数；单独研发是指由某家研发机构单独研发数字技术，再将数字技术扩散到市场内部，由整个企业 2 群体平摊研发费用，每家支付研发成本(朱庆华、窦一杰，2011；D'Aspremont and Jacquemin，1988)$C_{2a} = \frac{g_a^2}{2}$，其中 g 为数字技术水平。合作研发是指由市场内部企业共同研发数字技术，每家企业需支付的研发成本随着企业采用数字技术的比例 y 的增加而非线性减少(Bhaskaran and Krishnan，2009)$C_{2c} = \frac{g_c^2 e^{-y}}{2}$。

假设 3 政府部门有"补贴企业研发成本""补贴企业生产成本"两个初始策略。在单独研发市场中，当政府选择"补贴企业研发成本"时，政府部门通过补贴降低企业研发费用为 $\frac{s_a g_a^2}{2}$；当政府选择"补贴企业生产成本"时，政府部门通过补贴降低企业生产费用为 $s_b g_b q_{2b}$。在合作研发市场中，当政府选择"补贴企业研发成本"时，政府部门通过补贴降低企业研发费用为 $\frac{s_c(g_c^2 e^{-y})}{2}$；当政府选择"补贴企业生产成本"时，政府部门通过补贴降低企业生产费用为 $s_d g_d q_{2d}$。其中，S 为政府补贴力度。

假设 4 设企业 1 支付的单位生产成本为 c_1，企业 2 支付的单位生产成本会随着数字技术水平 g 的增加而增加(杨晓辉、游达明，2022)，为 (c_1+g)。

假设 5 参考杨晓辉和游达明(2022)的研究，设定消费者购买传统产品(产品 1)和数字产品(产品 2)的效用分别为 U_1 与 U_2，其中效用函数分别为：

$$\begin{cases} U_1 = (U_0 - p_1)q_1 \\ U_2 = (U_0 + \theta l_2 g - p_2)q_2 \end{cases} \tag{4-1}$$

其中，U_0 为该类型产品的基础效用，满足消费者的基本需求。$l_2 g$ 为数字产品让消费者体验提升带来的额外效用。其中，l_2 为消费者数字产品偏好系数，g 为数字技术水平。p_1、p_2 和 q_1、q_2 分别为传统产品和数字产品的价格和需求量。θ 为随机变量，代表消费者对于数字产品附加效用的敏感程度。当 $U_1 > U_2$ 时，消费者偏向传统产品，反之则选择数字产品。随机变量 θ 服从 $[0, 1]$ 均匀分布，易求得两产品需求量 $q_1 = \frac{p_2 - p_1}{l_2 g}$，

$q_2 = 1 - \frac{p_2 - p_1}{l_2 g}$。

对本模型设计的参数进行汇总,如表4-1所示。

表4-1　参数定义

参数	定义
M	小市场总数
y	合作研发市场企业2的比例
p	产品价格
q	产品需求量
c_1	企业1支付的单位生产成本
g	数字技术水平
S	政府补贴力度
U_0	产品的基础效用
l_2	消费者数字产品偏好系数

第三节
博弈模型及其均衡解

本章假设整个市场包含多个相同且独立并位于不同地理位置的小市场。对企业而言,采用数字技术的企业可以通过数字技术打破地理隔绝,实现生产和销售异地(Dadashpoor and Yousefi,2018),即企业2选择有利于自身利益的地方政府处设厂生产,再利用数字技术获取原独立小市场的顾客资源。对消费者而言,其购买渠道分为线下购买产品1和线上购买产品2两种。对政府而言,本章假设存在四种情形的地方政府,即单独研发市场下的"补贴企业研发成本""补贴企业生产成本"的两地方政府(L_a,L_b)以及合作研发市场下的"补贴企业研发成本""补贴企业生产成本"的两地方政府(L_c,L_d)。不同情形下的地方政府均存在多个小市场,而每个小市场包含企业1、企业2和消费者。其中,企业2通过数字技术实现产销异地,这意味着不同情形下的地方政府拥有企业2的数量是不断变化的,因此当地方政府吸引或失去所辖小市场中的企业 2 时，该地方政府的区域福利则随企业 2 总数的变化而变化。在实践中，则存在地方政府间竞争的情况，这意味着某地方政府可通过制定有利于企业 2 的补贴策略，吸引企业 2 在该地设厂，实现该区域的福利最大化。

从图 4-1 可以看出，在网络初始阶段，企业 $1i$、企业 $2i$ 和消费者 i 构成一个独立小市场 i，企业 $1j$、企业 $2j$ 和消费者 j 构成另一个独立小市场 j，此时企业 1 收益、企业 2 收益和消费者效用之和减去政府补贴额为地方政府总福利。在网络演化阶段，企业 $2i$ 可通过数字技术实现异地建厂，以此获得地方政府 j 的补贴政策优势。当企业 $2i$ 在地方政府 j 处建厂时，其将改变自身经营策略并导致消费者需求量转变，同时影响到企业 $1i$，进而将小市场 i 中所有参与主体的收益福利转化为小市场 j 的参与主体收益福利。由于地方政府 i 中的企业 $1i$ 无法通过数字技术实现产销异地，企业 $1i$ 收益和购买产品 1 的消费者 i 效用依旧算入地方政府 i 的社会总福利中，而实现产销异地的企业 $2i$ 收益和购买产品 2 的消费者 i 效用则被算入地方政府 j 的社会总福利中。为描述方便，本章将一个小市场中的企业 1 收益和购买

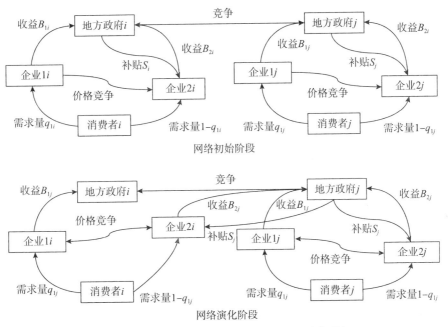

图 4-1 政府和市场驱动的数字企业网络演化进程

产品 1 的消费者效用之和定义为产品 1 市场总福利；将一个小市场中的企业 2 收益和购买产品 2 的消费者效用之和再减去政府补贴额的总值定义为产品 2 市场总福利。因此，当每个地方政府存在 n 个独立小市场时，网络演化阶段的地方政府 i 的收益 L_i 则为企业 $1i$ 的总数 n 乘以产品 $1j$ 市场总福利。地方政府 j 的收益 L_j 则为企业 $2i$ 加上企业 $2j$ 的总数 $2n$ 乘以产品 $2j$ 市场总福利再加上企业 $1j$ 的总数 n 乘以产品 $1j$ 市场总福利。

一、政府补贴策略对企业数字化转型影响因素模型

实践中的市场结构大多具有拓扑特征，而企业的策略演化博弈过程则与市场网络结构之间存在密切关系。学者发现尽管网络结构在初始阶段是随机形成的，但随着网络的不断发展，它逐渐呈现无标度或小世界网络的特征（Watts and Strogatz，1998；Barabási and Albert，1999）。为进一步展示政府补贴策略对企业数字化转型的影响，本章以 BA 无标度网络为载体，引入中央和地方两级政府行为异质的因素，探讨存在多个独立小市场时，地方政府不同补贴情形下的数字企业在地方政府间的动态网络演化过程。

BA 无标度网络从有 N_0 个孤立节点组成的网络开始（N_0 为正整数），每经过一个时刻 t，增加一个新的节点进入网络，新加入节点与网络中现存某个节点 i 连接。

BA 无标度网络模型算法的具体步骤如下：

（1）初始条件（$t=0$）：网络由 N_0 个孤立节点组成。

（2）增长：每一个时间步骤 t，增加一个新的节点进入网络，该节点带有 $m（m<M）$ 条边。

（3）择优连接：新加入节点与网络中现存某个节点 i 连接的概率如下所示，其中不存在重复连接的现象。

$$p(i)=\frac{d_i(t)}{\sum_{j=1}^{N_0} d_j(t)} \tag{4-2}$$

其中，$d_i(t)$ 表示节点 i 在时刻 t 内的边，$\sum_{j=1}^{N_0} d_j(t)$ 表示企业 j 在时刻 t 内边的总和。

此外，网络中的企业 i 采用 Femi 规则的模仿优胜更新方式，每轮博弈

结束后，遵循获取最高回报的策略，企业 i 以概率 $p(i{\rightarrow}j)$ 模仿邻居企业 j 的策略（Szabó and Töke，1998）。

$$p(i{\rightarrow}j)=\frac{1}{1+e^{\frac{B_i-B_j}{k}}} \tag{4-3}$$

其中，k 为噪声强度，表示个人做出非理性行为选择的可能性。在本章，$k=0.1$ 用于实验分析。其中 B_i、B_j 分别为博弈中企业 i、企业 j 产生的收益。在网络演化初期，按比例将小市场分配给不同补贴策略的地方政府，再根据复杂网络连接关系，采取数字技术的企业 i 以概率 $p(i{\rightarrow}j)$ 模仿邻居企业 j 的策略。因此，每次企业2策略模仿后的地方政府收益 L 设为某情形下企业1的总数乘以产品1市场总福利加上企业2的总数乘以产品2市场总福利。

二、小市场中产品数字技术水平影响因素模型

实践中，数字技术更多的是赋能原产品，进行原产品的升级改造。因此，本章假设产品2后进入小市场，则产品1先定价，消费者和企业之间进行完全信息动态博弈。企业2先决定产品2数字技术水平，在产品1价格确定的前提下进入小市场与企业1进行竞争。博弈分为两个阶段：第一阶段，企业2决定产品数字技术水平；第二阶段，在企业1确定产品价格后，企业2根据产品1的价格决定产品2价格。本章采用逆向归纳法求解。

情形 a： 在单独研发市场中，当政府选择"补贴企业研发成本"。

企业1期望收益为：$B_{1a}=(p_{1a}-c_1)q_{1a}$。

企业2期望收益为：$B_{2a}=(p_{2a}-(c_1+g_a))q_{2a}-\dfrac{(1-s_a)g_a^2}{2}$。

根据模型假设，易求得两产品需求量 $q_{1a}{}^*=\dfrac{p_{2a}-p_{1a}}{l_2 g_a}$，$q_{2a}{}^*=1-\dfrac{p_{2a}-p_{1a}}{l_2 g_a}$

首先，从博弈的第二阶段开始，将 $q_{2a}{}^*$ 代入 B_{2a}，并对 p_{2a} 求一阶导数等于零，得出

$$p_{2a}{}^*=\frac{c_1+p_{1a}{}^*+g_a(1+l_2)}{2} \tag{4-4}$$

由于 $\dfrac{\partial^2 B_{2a}}{\partial^2 p_{2a}}=-\dfrac{2}{g_a l_2}<0$，可知 $p_{2a}{}^*$ 为企业2最优均衡决策变量。

其次，将 $q_{1a}{}^*$、$p_{2a}{}^*$ 代入 B_{1a}，并对 p_{1a} 求一阶导数等于零，得出：

$$p_{1a}{}^* = \frac{2c_1 + g_a(1+l_2)}{2} \tag{4-5}$$

由于 $\dfrac{\partial^2 B_{1a}}{\partial^2 p_{1a}} = -\dfrac{1}{g_a l_2} < 0$，可知 $p_{1a}{}^*$ 为企业 1 最优均衡决策变量。

再次，将求出来的 $q_{1a}{}^*$、$q_{2a}{}^*$、$p_{1a}{}^*$、$p_{2a}{}^*$ 代入 B_{2a}，并对 g_a 求一阶导数等于零，得出：

$$g_a{}^* = \frac{(3l_2 - 1)^2}{16l_2(1 - s_a)} \tag{4-6}$$

由于 $\dfrac{\partial^2 B_{2a}}{\partial^2 g_a} = s_a - 1 < 0$，可知 $g_a{}^*$ 为企业 2 最优均衡决策变量。

最后，将算出的 $g_a{}^*$ 代回 $p_{1a}{}^*$、$p_{2a}{}^*$、$q_{1a}{}^*$ 中，进而得出情形 a 下两企业的最优均衡决策为：

$$p_{1a}{}^* = c_1 + \frac{(3l_2 - 1)^2(1 + l_2)}{32l_2(1 - s_a)}, \quad p_{2a}{}^* = c_1 + \frac{3(3l_2 - 1)^2(l_2 + 1)}{64l_2(1 - s_a)}$$

$$g_a{}^* = \frac{(3l_2 - 1)^2}{16l_2(1 - s_a)}, \quad q_{1a} = \frac{1 + l_2}{4l_2}$$

情形 b：在单独研发市场中，当政府选择"补贴企业生产成本"。

企业 1 期望收益为：$B_{1b} = (p_{1b} - c_1)q_{1b}$；

企业 2 期望收益为：$B_{2b} = (p_{2b} - (c_1 + (1 - s_b)g_b))q_{2b} - \dfrac{g_b{}^2}{2}$。

同理可算得情形 b 下两企业的最优均衡决策为：

$$p_{1b}{}^* = c_1 + \frac{(s_b + 3l_2 - 1)^2(1 + l_2 - s_b)}{32l_2}, \quad p_{2b}{}^* = c_1 + \frac{3(s_b + 3l_2 - 1)^2(1 + l_2 - s_b)}{64l_2}$$

$$g_b{}^* = \frac{(s_b + 3l_2 - 1)^2}{16l_2}, \quad q_{1b} = \frac{1 + l_2 - s_b}{4l_2}$$

情形 c：在合作研发市场中，当政府选择"补贴企业研发成本"。

企业 1 期望收益为：$B_{1c} = (p_{1c} - c_1)q_{1c}$；

企业 2 期望收益为：$B_{2c} = (p_{2c} - (c_1 + g_c))q_{2c} - \dfrac{(1 - S_c)(g_c{}^2 e^{-\gamma})}{2}$。

同理可算得情形 c 下两企业的最优均衡决策为：

$$p_{1c}{}^* = c_1 + \frac{e^y (3l_2-1)^2 (l_2+1)}{32l_2(1-s_c)} \ , \quad p_{2c}{}^* = c_1 + \frac{3e^y (3l_2-1)^2 (l_2+1)}{64l_2(1-s_c)}$$

$$g_c{}^* = \frac{e^y (3l_2-1)^2}{16l_2(1-s_c)} \ , \quad q_{1c} = \frac{1+l_2}{4l_2}$$

情形 d：在合作研发市场中，当政府选择"补贴企业生产成本"。

企业 1 期望收益为：$B_{1d} = (p_{1d} - c_1) q_{1d}$；

企业 2 期望收益为：$B_{2d} = (p_{2d} - (c_1 + (1-s_d) g_d)) q_{2d} - \dfrac{(g_d{}^2 e^{-y})}{2}$。

同理可算得情形 d 下两企业的最优均衡决策为：

$$p_{1d}{}^* = c_1 + \frac{e^y (s_d+3l_2-1)^2 (l_2+1-s_d)}{32l_2} \ , \quad p_{2d}{}^* = c_1 + \frac{3e^y (s_d+3l_2-1)^2 (l_2+1-s_d)}{64l_2}$$

$$g_d{}^* = \frac{e^y (s_d+3l_2-1)^2}{16l_2} \ , \quad q_{1d} = \frac{1+l_2-s_d}{4l_2}$$

结论 1：由以上四种情形可知，从消费者数字产品偏好来看，为了保证 $q \leqslant 1$，可知 $4l_2 > 1$，因此产品 1 需求量随消费者数字产品偏好系数的增加呈不断下降的趋势，产品 2 需求量则呈不断上升的趋势，并最终在 $S = 0$，$l_2 = 1$ 时超过产品 1 的需求量。产品价格随消费者数字产品偏好系数的增加而增加，且市场内产品 2 的价格总是高于产品 1 价格。企业数字技术水平随消费者数字产品偏好系数的增加而提升。从补贴方式来看，当政府选择"补贴企业研发成本"时，政府补贴力度的变化对产品需求量不产生影响。而当政府"补贴企业生产成本"时，产品 1 需求量随政府补贴力度的增加而减少。此外，无论哪种补贴方式，政府补贴力度的增加都会提高产品的数字技术水平。从市场研发形式来看，市场研发形式的变化不影响产品需求。相较于单独研发市场，合作研发市场的企业数字技术水平和产品价格更高，且随着该市场企业 2 比例的增加而提升。这说明，消费者数字产品偏好和政府"补贴企业生产成本"能有效提高产品 2 的需求量。而消费者数字产品偏好、政府补贴企业成本和合作研发市场的形成都能有效提升产品 2 的数字技术水平。

第四节
数值模拟及仿真分析

基于不同的央地财权事权责任划分制度，本节探讨三种情况下的数字企业在地方政府间的动态网络演化过程。

情况 1：中央政府统一财权(补贴力度大小)事权(补贴方式的选择权)。

情况 2：财权收归中央和事权下放地方。

情况 3：地方政府统一财权事权。

一、中央政府统一财权事权的影响分析

当中央政府统一财权事权时，只需考虑单一小市场的总福利最大化，即企业收益与消费者效用之和再减去政府补贴的市场总福利 G 值最大化。

参考杨晓辉和游达明(2022)的研究，设定参数 $c_1 = 1$、$s_a = s_b = s_c = s_d = 0.1$、$U_0 = 2$、$y = 0.5$、$l_2 \in [0.5, 6]$。

图 4-2 表明，随着消费者数字产品偏好系数 l_2 值的增加，产品 1 消费者效用 U_1 值呈不断减少的趋势。产品 2 消费者效用 U_2 值则呈不断增加的趋势，并最终超过产品 1 消费者效用 U_1 值。相较于政府"补贴企业研发成本"政府"补贴企业生产成本"时的消费者效用更高。相较于单独研发市场，合作研发市场消费者效用更高。

图 4-3 表明，随着消费者数字产品偏好系数 l_2 值的增加，企业收益 B 值呈不断增加的趋势。相较于企业 1 的收益增速，企业 2 收益增速更快，从而引致企业 2 收益最终超过企业 1 收益。相较于政府"补贴企业研发成本"，政府"补贴企业生产成本"时的企业收益更低。相较于单独研发市场，合作研发市场企业收益更高。

表 4-2 表明，随着消费者数字产品偏好系数 l_2 值的增加，产品 1 市场总福利 G_1 值呈不断减少的趋势，产品 2 市场总福利 G_2 值呈不断增加的趋势，并最终超过市场 1 总福利 G_1 值。当 $l_2 < 5.5$ 时，相较于政府"补贴企业

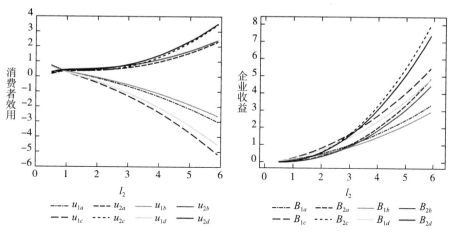

图 4-2　l_2 变化对消费者效用的影响　　图 4-3　l_2 变化对企业收益的影响

研发成本"，政府"补贴企业生产成本"时的产品 2 市场总福利更高。当 $l_2 \geqslant 5.5$ 时，则结果相反。即随着消费者数字产品偏好系数的增加，政府"补贴企业研发成本"的市场总福利最终超过政府"补贴企业生产成本"下的市场总福利。这说明，政府应将消费者偏好作为补贴策略选择的依据，政府"补贴企业生产成本"策略适用于消费者偏好更低的产品，而政府"补贴企业研发成本"策略适用于消费者偏好更高的产品。此外，相较于单独研发市场，合作研发市场总福利更高。

表 4-2　l_2 变化对产品市场总福利的影响

l_2	G_{1a}	G_{1b}	G_{1c}	G_{1d}	G_{2a}	G_{2b}	G_{2c}	G_{2d}
0.5	0.75	0.70	0.75	0.70	0.25	0.29	0.24	0.29
1.5	0.42	0.40	0.42	0.40	0.59	0.62	0.59	0.63
2.5	0.35	0.34	0.35	0.34	1.11	1.15	1.40	1.46
3.5	0.32	0.31	0.32	0.31	2.11	2.15	3.04	3.10
4.5	0.31	0.30	0.31	0.30	3.65	3.67	5.56	5.60
5.5	0.30	0.29	0.30	0.29	5.72	5.71	8.98	8.95

综上可知，产品 2 的数字技术水平 g 值和价格 p 值随消费者数字产品偏好系数 l_2 值的增加而增加。相较于政府"补贴企业生产成本"，政府"补贴企业研发成本"能更好地提高产品数字技术水平，有利于企业收益，但

不利于消费者效用以及消费者数字产品偏好系数偏低时的市场总福利。该现象的内在逻辑是，过高的产品数字技术水平将导致过高的产品价格以及过高的政府补贴和企业研发成本的投入。此时，尽管高数字技术水平的产品更加优质，但过高的价格并未让消费者觉得产品"物美价廉"。该现象的管理学启示是，政府"补贴企业生产成本"可提高产品 2 的需求量，致使市场总福利提高，而政府"补贴企业研发成本"可提高数字技术水平，获得与他国竞争时的技术优势。因此，中央政府可以通过改变补贴方式来调整"高数字技术水平"和"社会福利最大化"两目标选择。

表 4-3 和表 4-4 表明，随着合作研发市场企业 2 比例 y 值的增加，产品 1 和产品 2 的价格 p 值都呈不断增加的趋势。当消费者数字产品偏好系数 $l_2=1$ 时，产品 1 和产品 2 的价格随政府补贴力度的增加而增加。当消费者数字产品偏好系数 $l_2=4$ 时，如果政府"补贴企业研发成本"，产品 1 和产品 2 的价格随政府补贴力度的增加而大幅度增加，如果政府"补贴企业生产成本"，产品 1 和产品 2 的价格随政府补贴力度的增加而小幅度减少。这是因为政府"补贴企业研发成本"力度的增加将大幅度提升数字技术水平，从而提高产品 2 价格，而产品 2 价格的提升，存在价格溢出效应，也会促进产品 1 售价的提升。政府"补贴企业生产成本"力度的增加则只会小幅度提升数字技术水平，当消费者数字产品偏好系数较高时，企业 2 会适当降低产品 2 价格，以此提高产品 2 的需求量来获得更多政府补贴。企业 1 为了保持产品 1 的市场需求量，其产品价格会随产品 2 价格的下调而减少。

表 4-3　y 变化对产品 1 价格的影响

y	p_{1c} $l_2=1$ $S=0.1$	p_{1d} $l_2=1$ $S=0.1$	p_{1c} $l_2=1$ $S=0.3$	p_{1d} $l_2=1$ $S=0.3$	p_{1c} $l_2=4$ $S=0.1$	p_{1d} $l_2=4$ $S=0.1$	p_{1c} $l_2=4$ $S=0.3$	p_{1d} $l_2=4$ $S=0.3$
0	1.28	1.26	1.36	1.28	6.25	5.72	7.75	5.69
0.2	1.34	1.32	1.44	1.34	7.41	6.76	9.25	6.73
0.4	1.41	1.39	1.53	1.42	8.83	8.04	11.07	7.99
0.6	1.51	1.48	1.65	1.51	10.57	9.59	13.30	9.54
0.8	1.62	1.58	1.79	1.63	12.69	11.50	16.03	11.43
1	1.76	1.71	1.97	1.76	15.28	13.82	19.35	13.74

表 4-4 y 变化对产品 2 价格的影响

y	p_{2c} $l_2=1$ $S=0.1$	p_{2d} $l_2=1$ $S=0.1$	p_{2c} $l_2=1$ $S=0.3$	p_{2d} $l_2=1$ $S=0.3$	p_{2c} $l_2=4$ $S=0.1$	p_{2d} $l_2=4$ $S=0.1$	p_{2c} $l_2=4$ $S=0.3$	p_{2d} $l_2=4$ $S=0.3$
0	1.42	1.39	1.54	1.42	8.88	8.07	11.13	8.03
0.2	1.51	1.48	1.65	1.51	10.62	9.64	13.37	9.59
0.4	1.62	1.59	1.80	1.63	12.75	11.55	16.11	11.49
0.6	1.76	1.72	1.98	1.77	15.35	13.89	19.46	13.81
0.8	1.93	1.87	2.19	1.94	18.53	16.75	23.54	16.65
1	2.13	2.07	2.46	2.15	22.41	20.23	28.53	20.12

图 4-4 和图 4-5 表明，当消费者数字产品偏好系数 $l_2=1$ 时，随着合作研发市场企业 2 比例 y 值的增加，产品 1 和产品 2 的消费者效用 u 值呈不断减少的趋势。当消费者数字产品偏好系数 $l_2=4$ 时，随着合作研发市场企业 2 比例 y 值的增加，产品 1 的消费者效用 u_1 值呈不断减少的趋势，产品 2 的消费者效用 u_2 值呈不断增加的趋势。这说明当消费者数字产品偏好系数 l_2 较低时，合作研发市场的企业 2 增加合作，提高数字技术水平，制定更高产品价格对消费者来说是"不合时宜"的。而政府"补贴企业研发成本"力度的增加则会加重该行为对消费者的影响，政府"补贴企业生产成本"力度的增加则

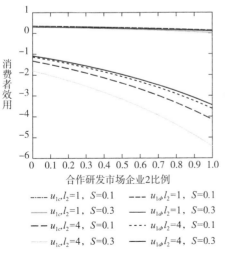

图 4-4 y 变化对消费者 1 效用的影响

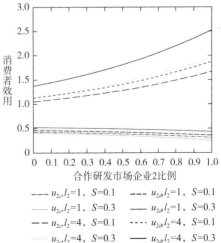

图 4-5 y 变化对消费者 2 效用的影响

会减缓该行为对消费者的影响。当消费者数字产品偏好系数 l_2 较高时，合作研发市场的企业 2 通过增加合作，降低企业研发成本，提高数字技术水平，制定恰当的产品价格对消费者来说是"喜闻乐见"的。政府补贴力度的增加则进一步降低了企业 2 的成本，提高了消费者 2 的效用。而对消费者 1 而言，产品价格的不断上涨并未带来产品体验感的上升，其消费者效用呈下降趋势。此外，相较于政府增加"补贴企业研发成本"的力度，当政府增加"补贴企业生产成本"的力度时，消费者 1 效用的下降幅度更小。

如图 4-6 和图 4-7 表明，当消费者数字产品偏好系数 $l_2 = 1$ 时，随着合作研发市场企业 2 比例 y 值的增加，产品 1 市场总福利 G_1 值不变，而产品 2 市场总福利 G_2 值呈不断减少的趋势。当消费者数字产品偏好系数 $l_2 = 4$ 时，随着合作研发市场企业 2 比例 y 值的增加，产品 1 市场总福利 G_1 值不变，而产品 2 市场总福利 G_2 值呈不断增加的趋势。产品 1 市场总福利不变说明，企业 1 收益的增加完全是以消费者效用的下降为代价，合作研发市场企业 2 比例 y 值的增加并不对产品 1 市场总福利产生影响。而当政府选择"补贴企业研发成本"时，政府补贴力度 S 的变化对产品 1 市场总福利不产生影响；当政府选择"补贴企业生产成本"时，产品 1 市场总福利随政府补贴力度 S 的增加而减少。此外，产品 2 市场总福利趋势不同的原因是，当消费者数字产品偏好系数 l_2 较低时，随着合作研发市场企业 2 比例 y 值的增加，企业收益的增加值总是小于消费者效用值的下降值，因此导致了

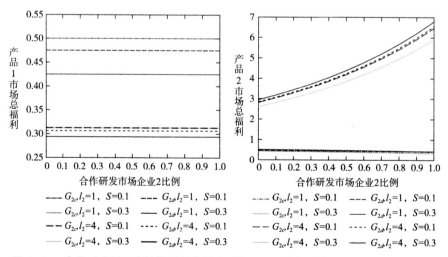

图 4-6　y 变化对产品 1 市场总福利的影响　图 4-7　y 变化对产品 2 市场总福利的影响

产品 2 市场总福利 G_2 值的下降趋势；并且政府"补贴企业研发成本"力度的增加加重了该行为对消费者 2 效用的影响，从而进一步提高了产品 2 市场总福利 G_2 值的下降速度。而当消费者数字产品偏好系数 l_2 较高时，政府两补贴方式力度的增加都将提高企业 2 收益和消费者 2 效用，但政府"补贴企业研发成本"力度的增加将大幅度提升数字技术水平，提高政府补贴额，导致产品 2 市场总福利的降低。

综上可知，促进企业合作研发能够提升产品 2 数字技术水平、降低企业研发成本、提高产品价格、增加企业收益。在产品 1 市场中，促进企业合作研发不会对产品 1 市场总福利产生影响，但该行为会增加企业 1 的收益，降低消费者 1 的效用。在产品 2 市场中，当消费者数字产品偏好系数 l_2 较低时，促进企业合作研发则会降低消费者效用和产品 2 市场总福利值，而政府"补贴企业研发成本"力度的增加则加重该行为的消极影响，政府"补贴企业生产成本"力度的增加则减缓该行为的消极影响。当消费者数字产品偏好系数 l_2 较高时，促进企业合作研发则会提高消费者效用和产品 2 市场总福利值。此外，政府两补贴方式力度的增加都将提高企业 2 收益和消费者 2 效用，但政府"补贴企业研发成本"力度的增加将大幅度提升数字技术水平，提高政府补贴额，导致产品 2 市场总福利的相对降低。该现象的管理学启示是，企业研发方式的选择、政府补贴方式的转变及其实施力度都要结合实际中消费者的产品偏好程度作出合理判断，当消费者产品偏好系数较低时，相较于企业合作研发，研发机构单独研发（$y=0$）更适应于市场；而当消费者产品偏好系数较高时，促进企业合作研发则更适应市场要求。

二、财权收归中央和事权下放地方的影响分析

当财权（补贴力度大小）收归中央，事权（补贴方式的选择权）下放地方时，企业 2 通过数字技术打破地理隔绝，实现生产和销售异地。地方政府则选择有利于企业 2 的补贴策略，使其在所辖地设厂生产，实现所辖区域福利最大化。根据第三节设置，本节将每次企业 2 策略模仿后的地方政府收益 L 设为某情形下企业 1 的总数乘以产品 1 市场总福利加上企业 2 的总数乘以产品 2 市场总福利。

参考杨晓辉和游达明（2022）、Zhao 等（2021）、Fan 和 Dong（2018）的研究，设小市场总数 $M=200$，博弈次数 $t=100$，每个情形下的地方政府随

机分得 50 个小市场。设无标度网络模型的参数 $N_0 = 100$，$m = 20$。设其他相关参数值如下所示：$c_1 = 1$，$U_0 = 2$。图 4-8 至图 4-15 展示了财权收归中央和事权下放地方情况下的数字企业在地方政府间的动态网络演化过程以及不同情形下的地方政府收益变化。

图 4-8 至图 4-11 表明，当消费者数字产品偏好系数 $l_2 = 1$ 时，单独研发市场下，地方政府"补贴企业生产成本"的企业 2 比例 y_b 和地方政府收益 L_b 随补贴力度 S 的增加而增加。合作研发市场下的地方政府"补贴企业生产成本"为最优策略，而单独研发市场下地方政府的最优策略选择则与补贴力度有关，当 $S = 0.3$ 时，地方政府"补贴企业生产成本"更优。无论哪种情况下，地方政府收益都随所辖地企业 2 比例增加而增加。

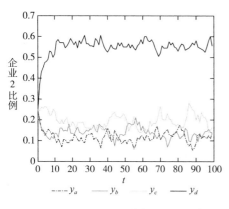

图 4-8　$l_2 = 1$，$S = 0.1$ 时企业 2 比例变化　　图 4-9　$l_2 = 1$，$S = 0.1$ 时地方政府收益变化

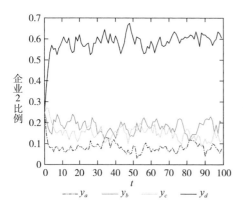

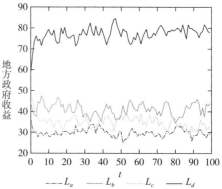

图 4-10　$l_2 = 1$，$S = 0.3$ 时企业 2 比例变化　　图 4-11　$l_2 = 1$，$S = 0.3$ 时地方政府收益变化

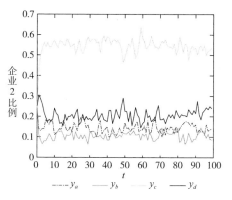

图 4-12　$l_2 = 4$，$S = 0.1$ 时企业 2 比例变化　　图 4-13　$l_2 = 4$，$S = 0.1$ 时地方政府收益变化

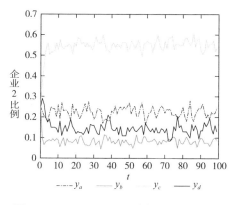
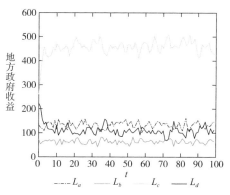

图 4-14　$l_2 = 4$，$S = 0.3$ 时企业 2 比例变化　　图 4-15　$l_2 = 4$，$S = 0.3$ 时地方政府收益变化

　　图 4-12 至图 4-15 表明，当消费者数字产品偏好系数 $l_2 = 4$ 时，单独研发市场下，地方政府"补贴企业研发成本"的企业 2 比例 y_a 和地方政府收益 L_a 随补贴力度 S 的增加而增加。合作研发市场下的地方政府"补贴企业研发成本"为最优策略，而单独研发市场下地方政府的最优策略选择则与补贴力度有关，当 $S = 0.3$ 时，地方政府"补贴企业研发成本"更优。

　　图 4-8 至图 4-15 表明，首先，相较于单独研发市场，合作研发市场下企业 2 的比例和地方政府收益更高。其次，在合作研发市场下，当消费者数字产品偏好系数较低时，地方政府"补贴企业生产成本"；当消费者数字产品偏好系数较高时，地方政府"补贴企业研发成本"；而中央政府可以通过提高补贴力度促使两研发市场下的地方政府补贴方式一致。最后，地方政府收益随消费者数字产品偏好系数的增加而增加。这说明，地方政府

可以从两方面提升区域福利：一方面，依据消费者偏好制定合理的补贴方式，吸引企业 2 来其所辖地设厂生产；另一方面，可以促使企业 2 合作研发降低企业研发成本，提高数字技术水平和区域福利。

三、地方政府统一财权事权的影响分析

本节在上述地方政府情形的基础上，假设地方政府可通过提高或降低补贴力度来吸引企业 2 在所辖区域设厂，于是存在不同补贴力度下共八种地方政府情形。同上，设小市场总数 $M = 200$，博弈次数 $t = 100$。而每个情形下的地方政府仅随机分得 25 个小市场。设无标度网络模型的参数：$N_0 = 100$，$m = 20$。图 4-16 至图 4-19 展示了地方政府统一财权事权情况下的数字企业在地方政府间的动态网络演化过程和不同情形下的地方政府收益变化。

图 4-16 至图 4-19 表明，当消费者数字产品偏好系数 $l_2 = 1$ 时，合作研发市场下的地方政府"补贴企业生产成本"以及加大补贴力度为最优策略。当消费者数字产品偏好系数 $l_2 = 4$ 时，合作研发市场下的地方政府"补贴企业研发成本"以及加大补贴力度为最优策略。相较于财权收归中央和事权下放地方，地方政府统一财权事权下的企业 2 比例和地方政府收益减少。这说明，随着地方政府策略选择多样化，企业 2 将分散建厂，这致使企业 2 合作研发比例减少，提高了企业研发成本，降低了社会总福利。此外，当消费者数字产品偏好系数偏高时，地方政府将"补贴企业研发成本"以及尽可能增加补贴力度，以此吸引企业 2 来自身所辖区域建厂，而这将造成地方政府"内卷式"竞争及进一步的社会总福利损失。

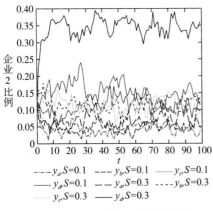

图 4-16 $l_2 = 1$ 时企业 2 比例变化

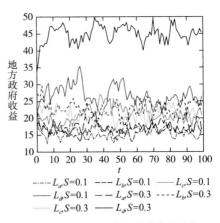

图 4-17 $l_2 = 1$ 时地方政府收益变化

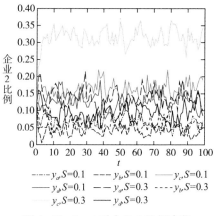

图 4-18　$l_2 = 4$ 时企业 2 比例变化

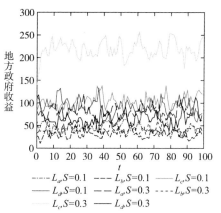

图 4-19　$l_2 = 4$ 时地方政府收益变化

第五节
本章小结

随着数字技术的不断应用与发展，数字经济已成为我国经济发展的核心引擎。在此背景下，本章立足于我国数字经济发展中存在的政府补贴政策制定问题，构建了复杂网络环境下的政府、企业和消费者三者之间的演化动力学博弈模型，从财权和事权的视角探讨了中央和地方两级政府在数字市场机制下的补贴策略调整过程。此外，本章基于数值模拟及仿真分析进一步探讨了不同央地财权事权责任划分制度下的消费者数字产品偏好、政府补贴力度和数字技术研发形态对企业数字化转型决策的影响。结果表明：

（1）消费者数字产品偏好对数字产品需求量、数字技术水平和社会总福利的提高均具有显著的正向影响。当消费者数字产品偏好系数较低时，中央政府统一财权事权可以通过改变补贴方式来权衡"高数字技术水平"和"社会福利最大化"两目标的选择。一方面，中央政府如要追求"高数字技术水平"目标，应始终坚持"补贴企业研发成本"策略。另一方面，中央政府如要追求"社会福利最大化"目标，则应对消费者偏好更低的产品实施

"补贴企业生产成本"策略，对消费者偏好更高的产品实施"补贴企业研发成本"策略。因此，随着消费者数字产品偏好的不断提高，中央政府统一财权事权最终将实现"高数字技术水平"和"社会福利最大化"两目标的统一。

（2）相较于政府"补贴企业研发成本"，政府"补贴企业生产成本"时的产品 2 需求量更高，而数字技术水平更低。相较于单独研发市场，合作研发市场能有效降低企业研发成本，提高数字技术水平。然而，当消费者数字产品偏好系数较低时，合作研发市场的数字企业增加合作，提高数字技术水平，制定更高产品价格的行为将导致消费者 2 效用的下降，进而使产品 2 市场总福利下降。当消费者数字产品偏好系数较高时，数字企业合作研发数字技术则能实现政府、企业和消费者三方收益的共同提升。这说明，政府在推动企业数字化转型时，要时刻注意消费者对产品的偏好程度，当消费者产品偏好系数较低时，相较于企业合作研发，研发机构单独研发的市场总福利更高。而当消费者产品偏好系数较高时，促进企业合作研发则更符合市场要求。

（3）相较于地方政府统一财权事权，财权收归中央和事权下放地方不仅能有效提高企业 2 合作研发数字技术的比例，降低研发投入成本和提高社会总福利，还能使中央政府通过财权手段抑制地方政府"内卷式"竞争。

因此，在推动企业数字化转型过程中，我国不仅要做到政府与市场的有机统一，还需发挥市场在资源配置中的决定性作用。根据上述研究结论得到如下管理学启示：①中央和地方两级政府都应具体问题具体分析，结合当前阶段下不同产品的不同消费者偏好，灵活制定不同方式和力度的补贴政策。②中央政府作为整个社会系统的掌舵者，应在消费者偏好较低的数字产品研发初期，鼓励研发机构进行产品研发并将初期产品投入市场；而当消费者偏好逐渐走高时，中央政府则应适当放开财政事权，鼓励地方政府竞争，吸纳数字企业聚集，促进企业合作研发数字技术。③消费者偏好的不断提升，最终能实现"高数字技术水平"和"社会福利最大化"两目标的完美统一。因此，在拉动经济增长的"三驾马车"中，中央政府最终应关注推动消费，发挥好消费对经济发展的基础性作用。

综上所述，本章基于补贴政策实施中存在的中央与地方两级政府在利益诉求上的差异，将地方政府作为参与主体纳入网络动力学博弈模型之中，探讨了中央和地方财权事权责任划分和消费者产品偏好变化对中央和地方两级政府补贴策略调整过程的影响，为我国在数字经济时代下如何进行政府补贴和完善中央和地方财权事权责任划分制度以促进企业数字化转型提供了新视角。需要说明的是，尽管探讨了不同补贴条件下的数字企业在地方政府间的动态网络演化过程，重点分析了消费者数字产品偏好、政府补贴方式、政府补贴力度、企业合作研发比例等对企业策略和政府策略选择的影响。但随着我国经济改革的不断深化，市场网络结构将更为复杂，后续研究将进一步从实证网络视角分析政府政策对企业数字化转型的影响。

不同资金约束主体的绿色供应链
投融资决策模型构建

第一节
问题的提出

2023年7月，习近平总书记在全国生态环境保护大会上指出，我国经济社会发展已进入加快绿色化、低碳化的高质量发展阶段，生态文明建设仍处于压力叠加、负重前行的关键期。一方面，在低碳经济指引下，污染企业积极投身于降低碳排放的绿色转型之中，这使我国环境状况得到了明显改善。另一方面，绿色转型需要企业投入大量资金来购买治污设备或研发绿色技术，这让部分中小型的污染企业受资金、技术等因素的限制，仍面临不敢转、不会转等难题。那如何解决企业的资金约束来有效地实现"双碳"目标就是一个亟待解决的问题。

从绿色化转型来看，一方面，消费者对绿色产品的购买决策受到对产品的认知和消费者特性（如年龄、教育程度、收入、生活方式、社会地位等）的影响（Reutterer et al.，2021；Featherman et al.，2021；AL-Azzam and Al-Mizeed，2021；Sharma，2021；Wang et al.，2021d）。一般而言，企业以恰当的价格销售较高绿色度的产品则会获得消费者对产品的青睐，因此，绿色企业通过提供比竞争者更节能环保的产品来获得更大的竞争优势，从而获得更多的市场份额来提升企业收益。另一方面，尽管较高绿色度的产品能为企业赢得市场，但在激烈的市场竞争中，产品绿色度的提升需要企业资源的投入。因此，创新投入带来的成本上升问题同样不能忽视，尤其对存在资金约束的企业来说（Chen et al.，2021b；杨晔等，2019）。所以，如何平衡企业绿色创新收益与投入之间的关系是学术界普遍关注的问题（Wei and Wang，2021；Wang et al.，2021c；Fang et al.，2022）。部分学者认为应引入政府部门来促进企业绿色化转型。周永圣等（2017）将政府部门纳入绿色供应链分析框架，认为政府的监管与引导才是企业绿色化转型的前提。Owen等（2018）则认为政府应为早期的绿色创新提供资金和政策支持。而其他学者则探讨如何让社会资本自发进行绿色技术创新，以实现政府减负与可持续创新。朱丽娜等（2022）基于社会情感财富保护的动机，将家族传承纳入企业绿色转型的决策中来，发现家族对企业的控制意愿能显著促进企业绿色化转型。Bendig 等（2022）则认为企业风险投资能增加绿色初创企业的投资以及长期促使企业进行绿色创新。因此，企业实现绿色化转型的资金来源依旧是一个值得探讨的问题。

近年来，随着大数据、人工智能、云计算、5G 等新一代信息技术的应用，提升了企业的管理能力和扩展企业的管理边界。因此，资金雄厚的供应链龙头企业开始利用数字技术和资金优势成为供应链上的新成员，虽然该做法会使原企业丧失一定自主权或提高生产成本，但却能较好地解决企业绿色化转型的资金来源问题（黄丽华等，2021）。尤其在数字经济时代，出现了资金雄厚企业在供应链下游的情形（如天猫、京东等大型零售平台），这类零售平台利用资金优势入侵平台上的制造商，促进其进行绿色化转型来提升自身品牌优势。而这些随着数字技术发展所带来的企业融资模式的改变对企业绿色化转型的影响却鲜有人探讨。

从企业融资来看，股权融资与债权融资作为两种主要的融资方式，引起了学者的广泛关注（Xiang et al.，2022；Tabash et al.，2022）。一方面，股权融资作为一种基于股票发行的融资方式，赋予了投资者对公司所有权的权益。这种融资方式不仅使企业能够获得必要的资金，还为投资者提供了分享公司成长和盈利的机会（Fu et al.，2021）。另一方面，股权融资也可能导致企业股权分散，从而影响管理层的决策权，同时企业和投资者之间的利益关系也需要更加精心地平衡。相比之下，债权融资能使企业以相对固定的方式获取资金，同时保持了管理层的决策权和控制权。但是，债权融资也意味着企业无论是否盈利，都需在特定时点履行债务承诺，这将增加企业的财务压力（Giaretta and Chesini，2021）。其中，王宇和于辉（2020）构建了股权融资模型，发现市场竞争抑制（促进）了低成长性（高成长性）零售商的股权融资。谢楠等（2024）则构建了债权融资模型，发现零售商设定的贷款利率过高将促使制造商降低产品质量，提升产品价格。王文利等（2020）则分别探讨了股权和债权两种融资模式，发现供应商融资模式的选择与其自有资金量有关。

综上所述，现有研究尽管对供应链中融资模式的选择有了较为深入的探讨，但大多只分析供应链中单一主体的融资决策，而较少考虑竞争环境下，资金约束主体变化对企业融资决策的影响，也较少结合企业绿色化转型进行分析。本章旨在深入分析股权融资与债权融资这两种不同的融资策略，以及它们在不同资金约束主体均衡运营决策上的显著区别。本章考察了不同消费者绿色偏好以及债权或股权比例下，企业选择不同融资方式的因素及其决策过程；探讨了存在不同资金约束主体时，两种融资方式对企业定价、产品绿色水平以及股东收益方面的影响。本章通过深入分析股权融资和债权融资的优劣势，可以为企业管理者、投资者以及决策者提供更全面的融资选择指导，也将有助于企业优化融资结构，实现经济的可持续增长和绿色发展目标。

第二节
基本假设和参数设定

　　本章假定同一绿色产业链里存在两条二级供应链，并可在供应链内部进行资金融通。其中，一条是由生产和销售普通产品（下文由产品 1 指代）的制造商 1 和零售商 1 构成的产品 1 供应链（下文由链 1 指代），另一条是由生产和销售绿色产品（下文由产品 2 指代）的制造商 2 和零售商 2 构成的产品 2 供应链（下文由链 2 指代），以及购买产品的消费者。

　　参考文献（余乐安等，2023），设产品 1 和产品 2 在市场中的需求量分别为：

$$\begin{cases} q_1 = D - ap_1 + bp_2 \\ q_2 = D - ap_2 + bp_1 + kg_2 \end{cases} \tag{5-1}$$

　　其中，D 为市场规模；a 代表了产品需求量对产品自身价格的敏感程度；b 反映了另一种产品对本产品的替代程度；p_1 和 p_2 分别为产品 1 和产品 2 的价格；kg_2 为消费者绿色偏好带来的产品 2 需求量的提升，其中，k 为消费者环保意识系数，g_2 为产品 2 的绿色度。为避免制造商的利润为负数，设 $D - ac + bc \geq 0$。

本章的主要假设如下：

假设 1 参考文献（Wang et al.，2021b；Brynjolfsson et al.，2003），假设制造商 1 生产成本为 cq_1，c 为产品的基础成本，制造商 2 生产成本 $c(g_2) = cq_2 + tg_2^2$，g_2 为产品 2 的绿色度，t 为制造商 2 的低碳投资成本系数（如前期低碳设备购置）。其中，$g_2 > 0$，$t > 0$。

假设 2 存在两条以制造商和零售商组成的供应链。其中，链上有一方为资金充裕方，另一方为资金约束方，以此满足供应链进行内部融资的假设。

假设 3 在制造商或零售商资金约束情况下，为缓解自身资金压力，资金约束主体可通过股权融资、债权融资两种方式进行融资（见图 5-1 至图 5-4）。此外，本章研究假设制造商或零售商存在两条供应链中都有资金约束或只在其中一条供应链上有资金约束的情形。以制造商资金约束为例，即存在制造商 1 与制造商 2 都有资金约束、制造商 1 有资金约束、制造商 2 无资金约束，制造商 1 无资金约束、制造商 2 有资金约束三种情形。

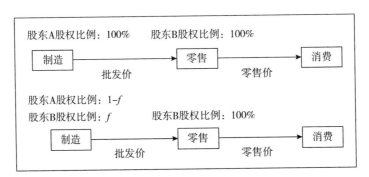

图 5-1 制造商资金约束下的股权融资模式过程

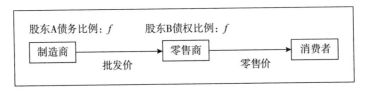

图 5-2 制造商资金约束下的债权融资模式过程

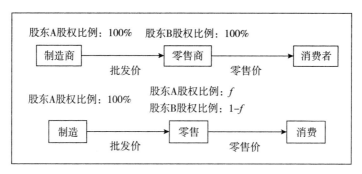

图 5-3　零售商资金约束下的股权融资模式过程

图 5-4　零售商资金约束下的债权融资模式过程

假设 4　一般来说，绿色技术创新虽然能够提高产品的绿色度，赢得消费者偏好，但并不会使绿色技术创新企业成为市场领导者。因此，本章研究假设链 2 上的制造商和零售商为追随者。博弈分为三个阶段：第一阶段，在制造商 1 不引入绿色技术的基础上，制造商 2 决定引入绿色技术，并决定产品绿色度；第二阶段，在制造商 1 确定批发价后，制造商 2 根据制造商 1 的批发价决定产品 2 批发价；第三阶段，在零售商 1 确定零售价后，零售商 2 根据零售商 1 的零售价决定产品 2 零售价。本章研究采用逆向归纳法求解。

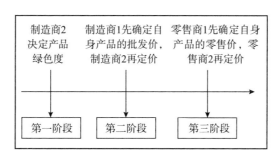

图 5-5　三阶段博弈

为区分多种模式下的参数，本章用下标 z 代表制造商资金约束，下标 l 代表零售商资金约束，下标 i 代表股权融资，下标 o 代表债权融资，下标 e

代表两链都有资金约束的情形，下标 u 代表链 1 有资金约束，下标 b 代表链 2 有资金约束。产品 1 指代普通产品，产品 2 指代绿色产品。相关参数如表 5-1 所示。

表 5-1　相关参数

参数	定义
p	零售价
q	产品需求量
w	批发价
M	制造商利润
R	零售商利润
A	股东 A 收益
B	股东 B 收益
OM	制造商决策函数
OR	零售商决策函数
D	市场规模
a	产品需求量对产品自身价格的敏感程度
b	另一种产品对本产品的替代程度
c	产品的基础成本
g_2	产品 2 的绿色度
k	消费者环保意识系数
t	制造商 2 的低碳投资成本系数
f	链上资金充裕方的股权或债权比例
r_e	链上资金充裕方的贷款利率

第三节
制造商资金约束的供应链决策模型构建

一、制造商股权融资模式下决策模型

当供应链发生股权融资模式时，这代表着链上资金充裕企业的股东成为了资金约束企业的股份持有者。因此，需将两企业股东双方的利益诉求都纳入资金约束企业的经营决策中。本节借鉴文献（Salop and O'Brien，2000；陈宏辉、贾生华，2005）的多方利益平衡思想，以两股东持股比例为权重，对其利益函数线性加权求和，以此作为资金约束企业的决策目标（付红等，2023）。制造商资金约束的股权融资模式转换过程如下：

链 1 的制造商和零售商的利润函数为：

$$M_1 = (w_1 - c) q_1 \tag{5-2}$$

$$R_1 = (p_1 - w_1) q_1 \tag{5-3}$$

链 2 的制造商和零售商的利润函数为：

$$M_2 = (w_2 - c) q_2 - tg_2^2 \tag{5-4}$$

$$R_2 = (p_2 - w_2) q_2 \tag{5-5}$$

链条 i 的股东 A 和股东 B 的收益函数：

$$A_i = (1 - f) M_i \tag{5-6}$$

$$B_i = fM_i + R_i \tag{5-7}$$

链条 i 的制造商和零售商的决策函数为：

$$OM_i = (1 - f) A_i + fB_i \tag{5-8}$$

$$OR_i = B_i \tag{5-9}$$

（一）两制造商都存在资金约束的供应链决策

链 1 的制造商 1 和零售商 1 的利润函数为：

$$M_{1zie} = (w_{1zie} - c) q_{1zie} \tag{5-10}$$

$$R_{1zie} = (p_{1zie} - w_{1zie}) q_{1zie} \tag{5-11}$$

链 1 的股东 A 和股东 B 的收益函数：

$$A_{1zie} = (1 - f) M_{1zie} \tag{5-12}$$

$$B_{1zie} = fM_{1zie} + R_{1zie} \tag{5-13}$$

链 1 的制造商 1 和零售商 1 的决策函数为：

$$OM_{1zie} = (1 - f) A_{1zie} + fB_{1zie} \tag{5-14}$$

$$OR_{1zie} = B_{1zie} \tag{5-15}$$

链 2 的制造商 2 和零售商 2 的利润函数为：

$$M_{2zie} = (w_{2zie} - c) q_{2zie} - tg_{2zie}^2 \tag{5-16}$$

$$R_{2zie} = (p_{2zie} - w_{2zie}) q_{2zie} \tag{5-17}$$

链 2 的股东 A 和股东 B 的收益函数为：

$$A_{2zie} = (1-f) M_{2zie} \qquad\qquad (5-18)$$

$$B_{2zie} = fM_{2zie} + R_{2zie} \qquad\qquad (5-19)$$

链 2 的制造商 2 和零售商 2 的决策函数为：

$$OM_{2zie} = (1-f) A_{2zie} + fB_{2zie} \qquad\qquad (5-20)$$

$$OR_{2zie} = B_{2zie} \qquad\qquad (5-21)$$

本节通过逆向归纳法求得企业的最优均衡决策。此外，本节最优解过于复杂，为方便展示，本节求出最优解后，参考付红等（2023）、余乐安等（2023）的研究，设 $D=10$，$a=5$，$b=2$，$c=1$，$t=0.5$，$r_e=0.1$，将参数设值带入最优解式子中，得到企业关于关键参数消费者环保意识系数 k，股权或债权比例 f 的最优均衡决策：

首先，从博弈的第三阶段开始，利用零售商 2 的决策函数 OR_{2zie}，对 p_{2zie} 求一阶导数等于零，算得：

$$p_{2zie}^{*} = \frac{p_{1zie}}{5} + \frac{w_{2zie}}{2} + \frac{g_{2zie}k}{10} - \frac{f(w_{2zie}-1)}{2} + 1 \qquad\qquad (5-22)$$

其次，将 p_{2zie}^{*} 代入 OR_{1zie} 并对 p_{1zie} 求一阶导数等于零，得出：

$$p_{1zie}^{*} = \frac{w_{1zie}}{2} + \frac{5w_{2zie}}{46} + \frac{g_{2zie}k}{46} - \frac{f(w_{1zie}-1)}{2} - \frac{5f(w_{2zie}-1)}{46} + \frac{30}{23} \qquad\qquad (5-23)$$

将 p_{1zie}^{*}、p_{2zie}^{*} 代入 OM_{2zie}，并对 w_{2zie} 求一阶导数等于零，得出：

$$w_{2zie}^{*} = \frac{\begin{array}{c} 8464w_{1zie} - 321776f + 8832g_{2zie}k - 25024fw_{1zie} + 16560f^2w_{1zie} + 103120f^2 - \\ 17280fg_{2zie}k + 147200 \end{array}}{(272f-184)(440f-440)}$$

$$(5-24)$$

将 p_{1zie}^{*}、p_{2zie}^{*}、w_{2zie}^{*} 代入 OM_{1zie}，并对 w_{1zie} 求一阶导数等于零，得出：

$$w_{1zie}^{*} = \frac{\begin{array}{c} 8808448g_{2zie}k - 2715699200f + 4988103808f^2 - 3683243264f^3 + 825189504f^4 - \\ 44945920fg_{2zie}k + 75783680f^2g_{2zie}k - 42248192f^3g_{2zie}k + 521900544 \end{array}}{(4f-4)(206297376f^3 - 419436224f^2 + 284024608f - 64055552)}$$

$$(5-25)$$

最后，将 p_{1zie}^{*}、p_{2zie}^{*}、w_{2zie}^{*}、w_{1zie}^{*} 代入 OM_{1zie}，并对 g_{2zie} 求一阶导数等于零，得出：

$$g_{2zie}{}^{*} = \frac{-616k(f-1)^{2}\begin{pmatrix}4388670655561728f^{5}-14710892554960896f^{4}+\\19717621418778624f^{3}-13209562647625728f^{2}+\\4423232603086848f-592239842328576\end{pmatrix}}{\begin{array}{l}13618754350235320320f^{8}+288537991077822464f^{7}k^{2}-\\68997053492986183680f^{7}-1548717029275795456f^{6}k^{2}+\\15598409510283 9816192f^{6}+3540234633028042752f^{5}k^{2}-\\20618617725134 3073280f^{5}-4469176585872080896f^{4}k^{2}+\\17460823129989 3166080f^{4}+3366148806335135744f^{3}k^{2}-\\97003463410004459520f^{3}-1513217744935649280f^{2}k^{2}+\\34461448853748613120f^{2}+376058487324016640fk^{2}-\\71348693724954624 00f-39868557681491968k^{2}+656498198723952640\end{array}}$$

$$(5\text{-}26)$$

（二）制造商 1 存在资金约束的供应链决策

此时，零售商 2 的股权比例 $f=0$。然后同上求得该情形下企业的最优均衡决策为：

$$p_{2ziu} = \frac{p_{1ziu}}{5} + \frac{w_{2ziu}}{2} + \frac{g_{2ziu}k}{10} + 1 \tag{5-27}$$

$$p_{1ziu} = \frac{w_{1ziu}}{2} + \frac{5w_{2ziu}}{46} + \frac{g_{2ziu}k}{46} - \frac{f(w_{1ziu}-1)}{2} + \frac{30}{23} \tag{5-28}$$

$$w_{2ziu} = \frac{23f}{220} + \frac{23w_{1ziu}}{220} + \frac{6g_{2ziu}k}{55} - \frac{23fw_{1ziu}}{220} + \frac{20}{11} \tag{5-29}$$

$$w_{1ziu} = \frac{2992g_{2ziu}k - 395028f + 129559f^{2} - 5916fg_{2ziu}k + 177276}{(131f-88)(989f-989)} \tag{5-30}$$

$$g_{2ziu} = -\frac{154k(13764444f^{2}-18088453f+5941884)}{\begin{array}{l}226266678f^{2}k^{2}-3649029235f^{2}-300842256fk^{2}+\\4902512560f+99999328k^{2}-1646645440'\end{array}} \tag{5-31}$$

（三）制造商 2 存在资金约束的供应链决策

此时，零售商 1 的股权比例 $f=0$。然后同上求得该情形下企业的最优均衡决策为：

$$p_{2zib} = \frac{p_{1zib}}{5} + \frac{w_{2zib}}{2} + \frac{g_{2zib}k}{10} - \frac{f(w_{2zib}-1)}{2} + 1 \tag{5-32}$$

$$p_{1zib} = \frac{5f}{46} + \frac{w_{1zib}}{2} + \frac{5w_{2zib}}{46} + \frac{g_{2zib}k}{46} - \frac{5fw_{2zib}}{46} + \frac{30}{23} \tag{5-33}$$

$$w_{2zib} = \frac{529w_{1zib} - 20640f + 552g_{2zib}k - 1035fw_{1zib} + 7480f^2 - 1080fg_{2zib}k + 9200}{(68f - 46)(110f - 110)} \tag{5-34}$$

$$w_{1zib} = \frac{6031f - 68g_{2zib}k + 112fg_{2zib}k - 4029}{2902f - 1978} \tag{5-35}$$

$$g_{2zib} = \frac{k(f-1)(1050397399744f^3 - 2476520779656f^2 + 1910184901856f - 484061521944)}{\begin{aligned}&5543436616960f^5 + 114758735872f^4k^2 - 16850209016960f^4 - \\ &385346818560f^3k^2 + 21765797504000f^3 + 479317074016f^2k^2 - \\ &15082843871040f^2 - 261628635840fk^2 + 5585804273280f + \\ &52899644512k^2 - 871075437760\end{aligned}} \tag{5-36}$$

二、制造商债权融资模式下决策模型

当供应链发生股权融资模式时，这代表着链上资金充裕企业成为了资金约束企业的债权人。股东 A 的利润即是链上制造商的利润，股东 B 的利润即是链上零售商的利润。制造商资金约束的债权融资模式转换过程如下：

链 1 的制造商和零售商的利润函数为：

$$A_1 = M_1 = q_1(w_1 - c) - fr_e cq_1 \tag{5-37}$$

$$B_1 = R_1 = q_1(p_1 - w_1) + fr_e cq_1 \tag{5-38}$$

链 2 的制造商和零售商的利润函数为：

$$A_2 = M_2 = q_2(w_2 - c) - tg_2^2 - fr_e(tg_2^2 + cq_2) \tag{5-39}$$

$$B_2 = R_2 = q_2(p_2 - w_2) + fr_e(tg_2^2 + cq_2) \tag{5-40}$$

（一）两制造商都存在资金约束

同上，求得企业的最优均衡决策为：

$$p_{2zoe} = \frac{p_{1zoe}}{5} - \frac{f}{20} + \frac{w_{2zoe}}{2} + \frac{g_{2zoe}k}{10} + 1 \tag{5-41}$$

$$p_{1zoe} = \frac{w_{1zoe}}{2} - \frac{7f}{115} + \frac{5w_{2zoe}}{46} + \frac{g_{2zoe}k}{46} + \frac{30}{23} \tag{5-42}$$

$$w_{2zoe} = \frac{197f}{2200} + \frac{23w_{1zoe}}{220} + \frac{6g_{2zoe}k}{55} + \frac{20}{11} \tag{5-43}$$

$$w_{1zoe} = \frac{f}{10} + \frac{34g_{2zoe}k}{989} + \frac{4029}{1978} \tag{5-44}$$

$$g_{2zoe} = \frac{10647856128k}{-1163628544k^2 + 1916096512f + 19160965120} \tag{5-45}$$

（二）制造商 1 存在资金约束

此时，零售商 2 的债权比例 $f=0$。然后同上求得企业的最优均衡决策为：

$$p_{2zou} = \frac{p_{1zou}}{5} + \frac{w_{2zou}}{2} + \frac{g_{2zou}k}{10} + 1 \tag{5-46}$$

$$p_{1zou} = \frac{w_{1zou}}{2} - \frac{f}{20} + \frac{5w_{2zou}}{46} + \frac{g_{2zou}k}{46} + \frac{30}{23} \tag{5-47}$$

$$w_{2zou} = \frac{23w_{1zou}}{220} - \frac{23f}{2200} + \frac{6g_{2zou}k}{55} + \frac{20}{11} \tag{5-48}$$

$$w_{1zou} = \frac{f}{10} + \frac{34g_{2zou}k}{989} + \frac{4029}{1978} \tag{5-49}$$

$$g_{2zou} = \frac{10647856128k}{19160965120 - 1163628544k^2} \tag{5-50}$$

（三）制造商 2 存在资金约束

此时，零售商 1 的债权比例 $f=0$。然后同上求得企业的最优均衡决策为：

$$p_{2zob} = \frac{p_{1zob}}{5} - \frac{f}{20} + \frac{w_{2zob}}{2} + \frac{g_{2zob}k}{10} + 1 \tag{5-51}$$

$$p_{1zob} = \frac{w_{1zob}}{2} - \frac{f}{92} + \frac{5w_{2zob}}{46} + \frac{g_{2zob}k}{46} + \frac{30}{23} \tag{5-52}$$

$$w_{2zob} = \frac{f}{10} + \frac{23w_{1zob}}{220} + \frac{6g_{2zob}k}{55} + \frac{20}{11} \tag{5-53}$$

$$w_{1zob} = \frac{34g_{2zob}k}{989} + \frac{4029}{1978} \tag{5-54}$$

$$g_{2zob} = \frac{10647856128k}{-1163628544k^2 + 1916096512f + 19160965120} \tag{5-55}$$

第四节

零售商资金约束的供应链决策模型构建

一、零售商股权融资模式下决策模型

零售商资金约束的股权融资模式转换过程如下：

链 1 的制造商和零售商的利润函数为：

$$M_1 = (w_1 - c) q_1 \tag{5-56}$$

$$R_1 = (p_1 - w_1) q_1 \tag{5-57}$$

链 2 的制造商和零售商的利润函数为：

$$M_2 = (w_2 - c) q_2 - tg_2^2 \tag{5-58}$$

$$R_2 = (p_2 - w_2) q_2 \tag{5-59}$$

链条 i 的股东 A 和股东 B 的收益函数为：

$$A_i = M_i + fR_i \tag{5-60}$$

$$B_i = (1 - f) R_i \tag{5-61}$$

链条 i 的制造商和零售商的决策函数为：

$$OM_i = A_i \tag{5-62}$$

$$OR_i = (1 - f) B_i + fA_i \tag{5-63}$$

（一）两零售商都存在资金约束

同上，求得该情形下企业的最优均衡决策为：

$$p_{2lie} = \frac{f(f(2p_{1lie} + g_{2lie}k + 10) - 5w_{2lie} + 5fw_{2lie} + 5) + (f-1)^2(2p_{1lie} + g_{2lie}k + 10) + 5w_{2lie}(f-1)^2}{10(f-1)^2 + 10f^2} \tag{5-64}$$

$$p_{1lie} = \frac{46w_{1lie} - 184f + 10w_{2lie} + 2g_{2lie}k - 138fw_{1lie} - 30fw_{2lie} + 92f^2w_{1lie} + 20f^2w_{2lie} + 240f^2 - 4fg_{2lie}k + 4f^2g_{2lie}k + 120}{184f^2 - 184f + 92} \tag{5-65}$$

$$w_{2lie} = \frac{\begin{array}{l} 8464w_{1lie}-616176f+8832g_{2lie}k-41952fw_{1lie}+82800f^2w_{1lie}- \\ 81696f^3w_{1lie}+32384f^4w_{1lie}+1100240f^2-968128f^3+408320f^4- \\ 34944fg_{2lie}k+69120f^2g_{2lie}k-68352f^3g_{2lie}k+33792f^4g_{2lie}k+147200 \end{array}}{(880f-440)(f-1)(176f^2-272f+184)}$$

$$(5-66)$$

$$w_{1lie} = \frac{\begin{array}{l} 8808448g_{2lie}k-3759500288f+12738409600f^2-26186286592f^3+ \\ 35746102912f^4-33179558144f^5+20576937984f^6-7851368448f^7+ \\ 1457111040f^8-62562816fg_{2lie}k+220333568f^2g_{2lie}k-481140736f^3g_{2lie}k+ \\ 708038656f^4g_{2lie}k-714072064f^5g_{2lie}k+484182016f^6g_{2lie}k- \\ 202616832f^7g_{2lie}k+41631744f^8g_{2lie}k+521900544 \end{array}}{\begin{array}{l}(8f-4)(f-1)(54641664f^6-256177152f^5+573126464f^4- \\ 747943840f^3+603152128f^2-284024608f+64055552)\end{array}}$$

$$(5-67)$$

$$g_{2lie} = \frac{-385k(2f-1)(f-1)^2 \begin{pmatrix} 538548240384000f^{10}-4108073954181120f^9+ \\ 15278926029717504f^8-35861328462839808f^7+ \\ 58465625854672896f^6-68944861376544768f^5+ \\ 59515367816134656f^4-37170011184586752f^3+ \\ 16133629430513664f^2-4423232603086848f+ \\ 592239842328576 \end{pmatrix}}{20480(2f-1)\begin{pmatrix} 29157338327040f^{13}+1033068960000f^{12}k^2- \\ 287976049320960f^{12}-10014329001600f^{11}k^2+ \\ 1389236781461760f^{11}+46726324261584f^{10}k^2- \\ 4292105008181760f^{10}-138011959178016f^9k^2+ \\ 9426674437783720f^9+286469158711516f^8k^2- \\ 15490233303691740f^8-439377774633028f^7k^2+ \\ 19550840768116752f^7+510074218136978f^6k^2- \\ 19162931358829044f^6-451447814555672f^5k^2+ \\ 14574226292414840f^5+302438906974424f^4k^2- \\ 8491041379358770f^4-149728940984788f^3k^2+ \\ 3683207668001450f^3+52098843751306f^2k^2- \\ 1126532593435925f^2-11476394266480fk^2+ \\ 217738933486800f+1216691823776k^2- \\ 20034735068480 \end{pmatrix}}$$

$$(5-68)$$

（二）零售商 1 存在资金约束

此时，制造商 2 的债权比例 $f=0$。然后同上求得企业的最优均衡决策为：

$$p_{2liu}=\frac{p_{1liu}}{5}+\frac{w_{2liu}}{2}+\frac{g_{2liu}k}{10}+1 \tag{5-69}$$

$$p_{1liu}=\frac{5f\left(\dfrac{f(10w_{2liu}+2g_{2liu}k+120)}{10}-\dfrac{23w_{1liu}}{5}+\dfrac{23fw_{1liu}}{5}+\dfrac{23}{5}\right)+\dfrac{(f-1)^2(10w_{2liu}+2g_{2liu}k+120)}{2}+23w_{1liu}(f-1)^2}{92f^2-92f+46} \tag{5-70}$$

$$w_{2liu}=\frac{23\left((2g_{2liu}k+120)(f-1)^2+46w_{1liu}(f-1)^2+10f\left(\dfrac{23fw_{1liu}}{5}-\dfrac{23w_{1liu}}{5}+\dfrac{f(2g_{2liu}k+120)}{10}+\dfrac{23}{5}\right)\right)}{110(184f^2-184f+92)}+\frac{23g_{2liu}k}{220}+\frac{17}{11} \tag{5-71}$$

$$w_{1liu}=\frac{\begin{array}{c}95744g_{2liu}k-23986560f+43569376f^2-39165632f^3+\\16732160f^4-380800fg_{2liu}k+757248f^2g_{2liu}k-\\752896f^3g_{2liu}k+374272f^4g_{2liu}k+5672832\end{array}}{7912(2f-1)(f-1)(344f^2-524f+352)} \tag{5-72}$$

$$g_{2liu}=\frac{616k(1656704000f^4-4833502720f^3+6700496384f^2-4630643968f+1521122304)}{\begin{array}{c}104135680000f^4k^2-1610392023040f^4-310663372800f^3k^2+\\4906078023680f^3+4382224771072f^2k^2-7032291937280f^2-\\308062470144fk^2+5020172861440f+102399311872k^2-1686164930560\end{array}} \tag{5-73}$$

（三）零售商 2 存在资金约束

此时，制造商 1 的债权比例 $f=0$。然后同上求得企业的最优均衡决策为：

$$p_{2lib}=\frac{f(f(2p_{1lib}+g_{2lib}k+10)-5w_{2lib}+5fw_{2lib}+5)+(f-1)^2(2p_{1lib}+g_{2lib}k+10)+5w_{2lib}(f-1)^2}{10(f-1)^2+10f^2} \tag{5-74}$$

$$p_{1lib} = \frac{w_{1lib}}{2} + \frac{5\begin{pmatrix}10w_{2lib}-30f+2g_{2lib}k-30fw_{2lib}+20f^2w_{2lib}+\\40f^2-4fg_{2lib}k+4f^2g_{2lib}k+20\end{pmatrix}}{46(20f^2-20f+10)} + \frac{25}{23} \qquad (5-75)$$

$$w_{2lib} = \frac{\begin{array}{c}8464w_{1lib}-624640f+8832g_{2lib}k-33488fw_{1lib}+66240f^2w_{1lib}-\\65504f^3w_{1lib}+32384f^4w_{1lib}+1116800f^2-984320f^3+408320f^4-\\34944fg_{2lib}k+69120f^2g_{2lib}k-68352f^3g_{2lib}k+33792f^4g_{2lib}k+147200\end{array}}{(880f-440)(f-1)(176f^2-272f+184)}$$

$$(5-76)$$

$$w_{1lib} = \frac{544g_{2lib}k-48248f+32032f^2-896fg_{2lib}k+704f^2g_{2lib}k+32232}{14784f^2-23216f+15824} \qquad (5-77)$$

$$g_{2lib} = -\frac{7k(f-1)^2\begin{pmatrix}2881444020224f^4-8972253683712f^3+\\13075270295552f^2-9482794422272f+3218694795264\end{pmatrix}}{\begin{array}{c}67703207362560f^7+2202350977024f^6k^2-351118798356480f^6-\\11264396492800f^5k^2+869918921850880f^5+25920581140480f^4k^2-\\1287543126425600f^4-34110524489728f^3k^2+1221312244613120f^3+\\26967374643200f^2k^2-735490195292160f^2-12177623777280fk^2+\\259993798901760f+2462237999104k^2-40544602193920\end{array}}$$

$$(5-78)$$

二、零售商债权融资模式下决策模型

当供应链发生股权融资模式时，这代表着链上资金充裕企业成为了资金约束企业的债权人。股东 A 的利润即是链上制造商的利润，股东 B 的利润即是链上零售商的利润。零售商资金约束的债权融资模式转换过程如下：

链 1 的制造商和零售商的利润函数为：

$$A_1 = M_1 = q_1(w_1-c) + fr_e w_1 q_1 \qquad (5-79)$$

$$B_1 = R_1 = q_1(p_1-w_1) - fr_e w_1 q_1 \qquad (5-80)$$

链 2 的制造商和零售商的利润函数为：

$$A_2 = M_2 = q_2(w_2-c) - tg_2^2 + fr_e w_2 q_2 \qquad (5-81)$$

$$B_2 = R_2 = q_2(p_2-w_2) - fr_e w_2 q_2 \qquad (5-82)$$

（一）两零售商都存在资金约束

同上，求得该情形下企业的最优均衡决策为：

$$p_{2loe}=\frac{p_{1loe}}{5}+\frac{w_{2loe}}{2}+\frac{g_{2loe}k}{10}+\frac{fw_{2loe}}{20}+1 \tag{5-83}$$

$$p_{1loe}=\frac{w_{1loe}}{2}+\frac{5w_{2loe}}{46}+\frac{g_{2loe}k}{46}+\frac{fw_{1loe}}{20}+\frac{fw_{2loe}}{92}+\frac{30}{23} \tag{5-84}$$

$$w_{2loe}=\frac{92w_{1loe}+96g_{2loe}k+\dfrac{46fw_{1loe}}{5}+1600}{88f+880} \tag{5-85}$$

$$w_{1loe}=\frac{544g_{2loe}k+32232}{\dfrac{7912f}{5}+15824} \tag{5-86}$$

$$g_{2loe}=-\frac{10647856128k}{1163628544k^2-19160965120} \tag{5-87}$$

（二）零售商 1 存在资金约束

此时，制造商 2 的债权比例 $f=0$。然后同上求得企业的最优均衡决策为：

$$p_{2lou}=\frac{p_{1lou}}{5}+\frac{w_{2lou}}{2}+\frac{g_{2lou}k}{10}+1 \tag{5-88}$$

$$p_{1lou}=\frac{w_{1lou}}{2}+\frac{5w_{2lou}}{46}+\frac{g_{2lou}k}{46}+\frac{fw_{1lou}}{20}+\frac{30}{23} \tag{5-89}$$

$$w_{2lou}=\frac{23w_{1lou}}{220}+\frac{6g_{2lou}k}{55}+\frac{23fw_{1lou}}{2200}+\frac{20}{11} \tag{5-90}$$

$$w_{1lou}=\frac{544g_{2lou}k+32232}{\dfrac{7912f}{5}+15824} \tag{5-91}$$

$$g_{2lou}=-\frac{10647856128k}{1163628544k^2-19160965120} \tag{5-92}$$

（三）零售商 2 存在资金约束

此时，制造商 1 的债权比例 $f=0$。然后同上求得企业的最优均衡决策为：

$$p_{2lob}=\frac{p_{1lob}}{5}+\frac{w_{2lob}}{2}+\frac{g_{2lob}k}{10}+\frac{fw_{2lob}}{20}+1 \tag{5-93}$$

$$p_{1lob} = \frac{w_{1lob}}{2} + \frac{5w_{2lob}}{46} + \frac{g_{2lob}k}{46} + \frac{fw_{2lob}}{92} + \frac{30}{23} \qquad (5-94)$$

$$w_{2lob} = \frac{92w_{1lob} + 96g_{2lob}k + 1600}{88f + 880} \qquad (5-95)$$

$$w_{1lob} = \frac{34g_{2lob}k}{989} + \frac{4029}{1978} \qquad (5-96)$$

$$g_{2lob} = -\frac{10647856128k}{1163628544k^2 - 19160965120} \qquad (5-97)$$

第五节

数值模拟及仿真分析

考虑到所列式子的复杂性，采用 Matlab 软件作为计算工具对各个公式求解。对消费者环保意识系数 k、链上资金充裕方的股权或债权比例 f 的变化及其带来的影响进行数值分析，以期得到有利结论，为政府以及供应链相关主体的决策提供参考依据。

一、消费者环保意识对产品绿色度的影响分析

假设 $D=10$，$a=5$，$b=2$，$c=1$，$f=0.2$，$t=0.5$，$r_e=0.1$，$k \in [1, 2]$。

图 5-6 表明，随着消费者环保意识系数 k 值的增加，制造商存在资金约束情形下的产品 2 绿色度均呈不断上升的趋势。产品 2 绿色度的高低排序为 $g_{2ib} > g_{2ie} > g_{2ob} > g_{2iu} = g_{2ou} = g_{2oe}$。这表明，当两制造商或者是制造商 2 存在资金约束时，相较于债权融资模式，股权融资模式下的产品 2 绿色度更高。当制造商 1 存在资金约束时，融资模式的改变不对产品 2 绿色度产生影响。

图 5-7 表明，随着消费者环保意识系数 k 值的增加，零售商存在资金约束情形下的产品 2 绿色度均呈不断上升的趋势。产品 2 绿色度的高低排序为 $g_{2ib} > g_{2ie} > g_{2ob} = g_{2ou} = g_{2oe} > g_{2iu}$。这表明，当两零售商或者是零售商 2 存在资金约束时，相较于债权融资模式，股权融资模式下的产品 2 绿色度

更高。当零售商 1 存在资金约束时，相较于债权融资模式，股权融资模式下的产品 2 绿色度更低。

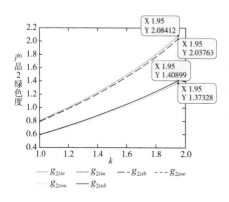

图 5-6　制造商存在资金约束情形

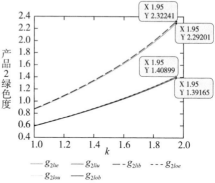

图 5-7　零售商存在资金约束情形

二、消费者环保意识对股东收益的影响分析

图 5-8 表明，随着消费者环保意识系数 k 值的增加，两制造商存在资金约束情形下的股东收益均呈不断上升的趋势。在任意融资模式下，$A_2 > A_1 > B_2 > B_1$。此外，随着 k 值的增加，股权融资模式下 A_1 和 A_2 值将分别超过债权融资模式下的 A_1 和 A_2 值。这说明，在两制造商存在资金约束情形下，随着 k 值的增加，股权融资模式下的链条中企业的收益将逐渐高于债权融资模式。这意味着两制造商在 k 值较低时将采用债权融资，在 k 值较高时采用股权融资。在同一链中，股东 A 的收益高于股东 B，这说明当股权或债权比例 f 值一定时，链条中产生的主要收益还是由制造商的控股股东获得。在两条链中，链 2 的股东 A 和股东 B 收益高于链 1 的股东收益，这说明绿色化转型在消费者偏好情形下对企业而言是有利可图的。

图 5-9 表明，随着消费者环保意识系数 k 值的增加，两零售商存在资金约束情形下的股东收益均呈不断上升的趋势。在任意融资模式下，其股东收益的高低排序为 $A_{2lie} > A_{1lie} > A_{2loe} > A_{1loe} > B_{2loe} > B_{1loe} > B_{2lie} > B_{1lie}$。这说明，在两零售商存在资金约束情形下，股权融资模式下股东 A 的收益高于债权融资模式，而股权融资模式下股东 B 的收益则低于债权融资模式。一般而言，融资模式的选择由资金约束方做出，这意味着当股东 B 能自由进行融

资模式选择，股东 B 则会选择债权融资模式，但股东 A 则希望股东 B 以股权融资模式进行融资行为。在同一链中，股东 A 的收益高于股东 B。在两条链中，链 2 的股东 A 和股东 B 收益高于链 1 的股东收益。

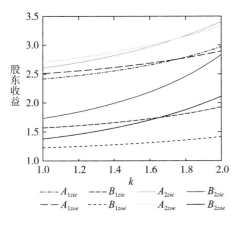

图 5-8　两制造商存在资金约束情形

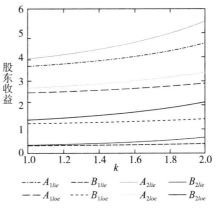

图 5-9　两零售商存在资金约束情形

图 5-10 表明，随着消费者环保意识系数 k 值的增加，制造商 1 存在资金约束情形下的股东收益均呈不断上升的趋势。在债权融资模式下，$A_2 > A_1 > B_2 > B_1$。在股权融资模式下，$A_2 > A_1$，而随着 k 值的增加，B_2 值则会逐渐高于 B_1 值。此外，债权融资模式下的 A_2 值高于股权融资模式下的 A_1 和 A_2 值，股权融资模式下的 B_1 高于债权融资模式下的 B_1 值，债权融资模式下的 B_2 高于股权融资模式下的 B_2 值。这意味当制造商 1 存在资金约束时，制造商 1 的股东 A 会选择债权融资模式进行融资，而零售商 1 的股东 B 则更希望以股权融资模式进行融资行为。在同一链中，股东 A 的收益高于股东 B。在两条链中，随着 k 值的增加，链 2 的股东 A 和股东 B 收益会逐渐高于链 1 的股东收益。

图 5-11 表明，随着消费者环保意识系数 k 值的增加，零售商 1 存在资金约束情形下的股东收益均呈不断上升的趋势。在任意融资模式下，其股东收益的高低排序为 $A_{1liu} > A_{2lou} > A_{2liu} > A_{1lou} > B_{2lou} > B_{2liu} > B_{1lou} > B_{1liu}$。这说明，在零售商 1 存在资金约束情形下，链 1 股权融资模式下股东 A 的收益高于债权融资模式，链 2 股权融资模式下股东 A 的收益则低于债权融资模式，而两链中股权融资模式下股东 B 的收益则低于债权融资模式，这意味当零

售商 1 存在资金约束时, 零售商 1 的股东 B 会选择债权融资模式进行融资, 而制造商 1 的股东 A 则更希望以股权融资模式进行融资行为。在同一链中, 股东 A 的收益高于股东 B。在两条链中, 除股权融资模式下的链 2 的股东 A 是低于链 1 的股东 A 收益, 其他模式下, 链 2 的股东 A 和股东 B 收益都高于链 1 的股东收益。

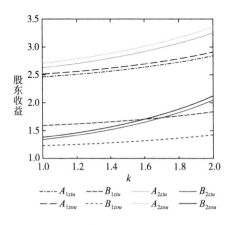

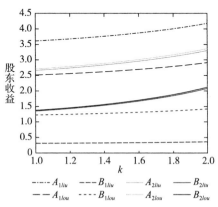

图 5-10　制造商 1 存在资金约束情形　　**图 5-11　零售商 1 存在资金约束情形**

图 5-12 表明, 随着消费者环保意识系数 k 值的增加, 制造商 2 存在资金约束情形下的股东收益均呈不断上升的趋势。在任意融资模式下, $A_2 > A_1 > B_2 > B_1$。此外, 股权融资模式下的 A_1、A_2、B_1、B_2 值分别高于债权融资模式下的 A_1、A_2、B_1、B_2 值。这意味当制造商 2 存在资金约束时, 制造商 2 的股东 A 会选择股权融资模式进行融资, 而零售商 2 的股东 B 也希望以股权融资模式进行融资行为, 两方达成一致。在同一链中, 股东 A 的收益高于股东 B。在两条链中, 链 2 的股东 A 和股东 B 的收益高于链 1 的股东收益。

图 5-13 表明, 随着消费者环保意识系数 k 值的增加, 零售商 2 存在资金约束情形下的股东收益均呈不断上升的趋势。在任意融资模式下, 其股东收益的高低排序为 $A_{2lib} > A_{2lob} > A_{1lib} > A_{1lob} > B_{2lob} > B_{1lib} > B_{1lob} > B_{2lib}$。这说明, 在零售商 2 存在资金约束情形下, 两链中股权融资模式下股东 A 的收益高于债权融资模式, 而链 1 股权融资模式下股东 B 的收益高于债权融资模式, 链 2 股权融资模式下股东 B 的收益则低于债权融资模式, 这意味当零售商 2 存在资金约束时, 零售商 2 的股东 B 会选择债权融资模式进行融资, 而制造商 2 的股东 A 则更希望以股权融资模式进行融资行为。在同一链中, 股东 A 的收益高

于股东 B。在两条链中，除股权融资模式下的链 2 的股东 B 是低于链 1 的股东 B 收益，其他模式下，链 2 的股东 A 和股东 B 收益都高于链 1 的股东收益。

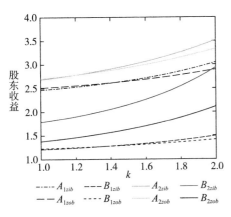

图 5-12　制造商 2 存在资金约束情形

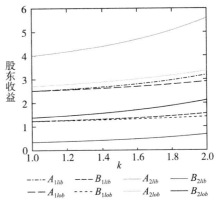

图 5-13　零售商 2 存在资金约束情形

三、股权或债权比例对产品绿色度的影响分析

假设 $D=10$，$a=5$，$b=2$，$c=1$，$k=1$，$t=0.5$，$r_e=0.1$，$f\in[0,0.4]$。

图 5-14 表明，随着股权或债权比例 f 值的增加，制造商存在资金约束情形下，制造商 2 股权融资以及两制造商股权融资模式下的产品 2 绿色度均呈不断上升的趋势，制造商 1 债权融资模式下的产品 2 绿色度不变，其他模式下的产品 2 绿色度均呈不断下降的趋势。产品 2 绿色度的高低排序为 $g_{2zib}>g_{2zie}>g_{2zou}>g_{2zoe}=g_{2zob}>g_{2ziu}$。这说明，首先，当制造商 2 选择股权融资时，链 2 股东 B 成为制造商 2 的股东，为了使产品 2 获得市场竞争力，而让整条供应链上的收益增加，股东 B 会推动制造商 2 进行产品绿色化转型，且随着股权比例的上升，该行为将更显著。其次，当两制造商或者是制造商 2 存在资金约束时，相较于股权融资模式，债权融资模式下的产品 2 绿色度更低，且随着 f 值的增加，该模式会进一步降低产品 2 的绿色度。这是因为当制造商 2 选择债权融资时，零售商 2 无法通过决策权来影响制造商 2 的决策，因此制造商 2 会采取降低产品绿色度，提高批发价这种"以次充好"的手段来弥补因供应链内部借贷而损失的收益。最后，当制造商 1 存在资金约束时，相较于债权融资模式，股权融资模式下的产品 2 绿

色度更低，且随着 f 值的增加，该模式会进一步降低产品 2 的绿色度。这是因为当制造商 1 选择股权融资时，链 1 股东 B 成为制造商 1 的股东，为了使自身收益最大化，他将使用决策权让链 1 上的企业采取降低产品价格的策略与链 2 上的企业竞争，该行为使制造商 2 无法通过产品绿色化策略获得更大收益，因此制造商 2 将减少研发投入，降低产品绿色度。

图 5-15 表明，随着股权或债权比例 f 值的增加，零售商存在资金约束情形下，零售商 2 股权融资以及两零售商股权融资模式下的产品 2 绿色度均呈不断上升的趋势，其他模式下的产品 2 绿色度不变。产品 2 绿色度的高低排序为：$g_{2lib} > g_{2lie} > g_{2lob} = g_{2lou} = g_{2loe} = g_{2liu}$。这说明，当两零售商或者是零售商 2 存在资金约束时，相较于债权融资模式，股权融资模式下的产品 2 绿色度更高，且随着 f 值的增加，该模式会进一步提高产品 2 的绿色度。其他模式的产品 2 绿色度与股权或债权比例 f 值无关。

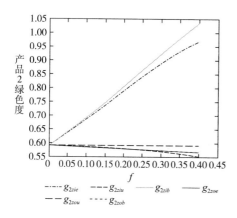

图 5-14　制造商存在资金约束情形

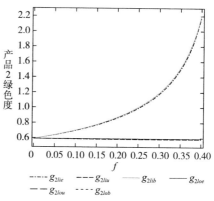

图 5-15　零售商存在资金约束情形

四、股权或债权比例对股东收益的影响分析

图 5-16 表明，两制造商存在资金约束情形下，随着股权或债权比例 f 值的增加，股权融资模式中两链的股东 B 收益均呈不断上升的趋势，股东 A 的收益则均呈不断下降的趋势，而股东 A 收益的边际下降速度低于股东 B 收益的边际上升速度，这说明股权融资模式下的供应链整体收益呈不断上升的趋势。而债权融资模式下链 2 的股东 A 通过采取降低产品绿色度，提高批发价这种"以次充好"的手段来弥补因供应链内部借贷而损失的收

益，因此随着股权或债权比例 f 值的增加，该行为将导致销售量的下降，致使债权融资模式下股东 A 和股东 B 收益均呈轻微的下降趋势，这说明债权融资模式下的供应链整体收益是呈不断下降的趋势。在两条链中，链 2 的股东 A 和股东 B 收益都高于链 1 的股东收益。

图 5-17 表明，两零售商存在资金约束情形下，随着股权或债权比例 f 值的增加，股权融资模式中两链的股东 A 收益均呈不断上升的趋势，股东 B 的收益则均呈不断下降的趋势。而债权融资模式下股东 B 通过"压低批发价"的手段来弥补因供应链内部借贷而损失的收益，因此导致该模式下的股东收益不产生变化。此外，在股权融资模式下，两零售商存在资金约束情形下的股东 B 收益在 $f = 0.25$ 时达到零值。此时，制造商以零售价供应产品，股东 A 收益等于供应链系统利润。

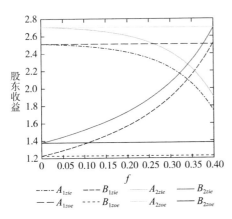

图 5-16 两制造商存在资金约束情形　**图 5-17 两零售商存在资金约束情形**

图 5-18 表明，制造商 1 存在资金约束情形下，随着股权或债权比例 f 值的增加，股权融资模式中链 1 股东 B 收益呈不断上升的趋势，而该模式下其他股东收益均呈不断下降的趋势。而链 1 股东 A 收益的边际下降速度低于股东 B 收益的边际上升速度，这说明股权融资模式下的链 1 整体收益呈不断上升的趋势，而链 2 整体收益则呈不断下降的趋势。债权融资模式中的股东收益不产生变化。

图 5-19 表明，零售商 1 存在资金约束情形下，随着股权或债权比例 f 值的增加，股权融资模式中链 1 的股东 A 收益呈不断上升的趋势，股东 B 的收益则均呈不断下降的趋势。而其他股东收益不产生变化。

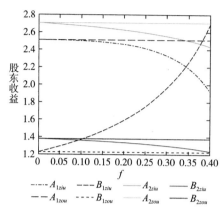

图 5-18　制造商 1 存在资金约束情形

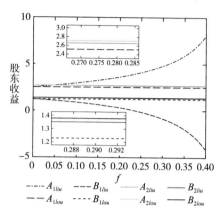

图 5-19　零售商 1 存在资金约束情形

图 5-20 表明，制造商 2 存在资金约束情形下，随着股权或债权比例 f 值的增加，股权融资模式中链 2 的股东 B 收益呈不断上升的趋势，而该模式下其他股东收益则均呈不断下降的趋势，而股东 A 收益的边际下降速度低于股东 B 收益的边际上升速度，这说明股权融资模式下的链 2 整体收益呈不断上升的趋势，而链 1 整体收益则呈不断下降的趋势。而债权融资模式中股东收益不产生变化。

图 5-21 表明，零售商 2 存在资金约束情形下，随着股权或债权比例 f 值的增加，股权融资模式中链 2 的股东 A 收益呈不断上升的趋势，股东 B 的收益则呈不断下降的趋势。而债权融资模式中股东收益不产生变化。

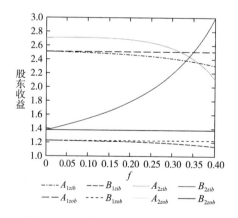

图 5-20　制造商 2 存在资金约束情形

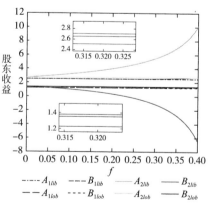

图 5-21　零售商 2 存在资金约束情形

第六节
本章小结

本章探讨了竞争环境下考虑不同资金约束主体的融资模式选择与绿色技术创新问题，构建了不同制造商与零售商资金约束下的 Stackelberg 博弈模型，数值模拟分析了消费者环保意识系数 k、股权或债权比例 f 对均衡状态下产品 2 绿色度以及股东收益的影响。得到如下结论：

（1）消费者环保意识系数 k 的提升对产品 2 绿色度以及供应链中股东收益的增加都有显著的正向影响。具体而言，首先，当零售商 1 存在资金约束时，相较于债权融资模式，股权融资模式下的产品 2 绿色度更低。而当其他参与主体资金约束时，相较于债权融资模式，股权融资模式下的产品 2 绿色度更高。其次，资金约束方希望以债权融资模式获得资金，该模式能使资金约束方通过"以次充好"或"压低批发价"等行为来弥补因供应链内部借贷而损失的资金收益。而资金充裕方则希望以股权融资模式获得资金约束方的企业决策权，使"以次充好"等手段失效，以此赢得资金收益。而这往往使供应链上资金约束和资金充裕的两方企业在融资模式的选择上无法达成一致。但当股权比例 f 一定，随着消费者环保意识系数 k 的增加，制造商 2 可以通过提高产品绿色度来增加供应链的整体收益，此时这一行为对链上的股东 A 和股东 B 都有益，因此股东 A 和股东 B 都希望以股权融资模式进行融资行为，两方达成一致。最后，在同一链中，股东 A 的收益高于股东 B，这说明当股权或债权比例 f 值一定时，链条中产生的主要收益还是由制造商的控股股东获得。在两条链中，链 2 的股东 A 和股东 B 收益高于链 1 的股东收益，这说明绿色化转型在消费者偏好情形下对企业而言是有利可图的。

（2）不同情形下股权或债权比例 f 值的变化对产品 2 绿色度以及供应链中股东收益的影响具有差异性。首先，在股权融资模式下，制造商 1 资金约束时产品 2 绿色度随股权比例的增加而下降，两制造商或制造商 2 资金约束时产品 2 绿色度随股权比例的增加而增加，零售商 1 资金约束时产品 2 绿色度与股权比例无关，两零售商或零售商 2 资金约束时产品 2 绿色度随股权比例的增加而增加。当债权融资模式时，制造商 1 或零售商 1 资金约束时产品 2 绿色度与债权比例无关，两制造商或制造商 2 资金约束时产品 2 绿色度随债权比例的增加而下降。其次，随着股权或债权比例 f 值的增加，股权融资模式下资金充裕企业原始股东收益呈上升趋势，资金约束企业原始股东收益则呈下降趋势，但当制造商资金约束时，供应链整体收益则随股权比例的增加而增加。债权融资模式下资金充裕企业原始股东收益和资金约束企业原始股东收益不产生变化。最后，在股权融资模式下，零售商存在资金约束下的股东 B 收益在 $f = 0.25$ 时达到零值，制造商存在资金约束下的股东 A 收益在 $f = 0.25$ 时还未达到零值，这说明相较于制造商原始股东，零售商原始股东更希望以债权融资模式解决资金问题。

本章研究通过构建 Stackelberg 博弈模型研究了资金约束制造商与资金约束零售商在竞争环境下的融资决策问题，分析了资金约束制造商与零售商在不同消费者环保意识和不同股权或债权比例下的最优运营决策。基于本章的研究思路，未来可以从以下几方面做进一步拓展：可基于多个零售商共同持股单个制造商分析的企业绿色转型与融资决策；考虑政府补贴下企业低碳投入与融资决策；考虑社交网络环境下企业低碳投入与融资决策。

不同权力结构的制造商
最优融资决策模型构建

第一节
问题的提出

在低碳经济指引下，生态企业积极投身于降低碳排放的绿色管理中，绿色管理核心是资金管理，其中又以投融资管理最为重要。在投融资管理中，低碳绿色资本金融、低碳经济对于成本的影响都是生态企业管理者重点考虑的方面。企业发展应追求长期目标，这需要强劲资本的支撑，需要有可持续性的人财物资源。2021年4月，时任中国人民银行行长易纲在出席博鳌亚洲论坛2021年年会"金融支持碳中和"圆桌会议时表示，促进资金流入绿色行业和领域，首先是完善绿色金融标准体系，其次是强化信息报告和披露，最后是构建金融激励机制。

此外，科技创新对低碳经济具有基础性支撑作用。2019年12月2日，生态环境部发布的《关于深化生态环境科技体制改革激发科技创新活力的实施意见》指出"深入推进生态环境科技体制改革激发科技创新活力，切实发挥科技创新在打好污染防治攻坚战和生态文明建设中的支撑与引领作用"。在此背景下，不同权力结构下创新企业在资金约束和同行竞争情况下如何进行最优融资决策将是亟须解决的问题。

Freeman（1982）曾在其著名的创新经济学研究中指出："没有创新就意味着死亡。"创新是今天企业得以生存和发展的根本。一方面，消费者对创新产品的购买决策深受多方面因素的交织影响，这些因素既包括对产品本身特性的认知，也涵盖了广泛的消费者个人特性，如年龄层次、受教育水平、收入水平、独特的生活方式以及社会地位等。这些多元化的因素共同塑造了消费者的偏好与选择标准，从而对其是否采纳创新产品产生决定性作用（Zhang and Dong，2020；Seyed Esfahani and Reynolds，2021；Zhang et al.，2020）。一般而言，企业若能在恰当的价位上推出具备高创新水平的产品，往往会赢得消费者的青睐与追捧。正因如此，创新型企业（如小米手机）通过提供超越竞争对手的性价比产品，成功构筑了显著的竞争优势，进而攫取了更多的市场份额，实现了企业收益的稳步增长。另一方面，虽然高创新水平的产品是企业赢得市场的利器，但在竞争日益白热化的市场环境中，这一目标的实现离不开企业资源的深度投入。这包括前期对研发设备的巨额购置与持续更新等固定成本投入，以及伴随产品创新水平提升而来的产品宣传费用激增、科研人员薪酬上涨等单位生产成本的显著提升。因此，企业在追求产品创新的道路上，需精心平衡资源投入与市场回报之间的关系，以实现可持续发展（蔡敏、骆建文，2022）。而如何平衡产品创新水平提升带来的长期收益与创新投入之间的关系以实现企业利润最大化是学术界普遍关注的问题（Hai et al.，2022；Pereira et al.，2024；Cancela et al.，2023）。

此外，企业的创新行为不仅受消费者行为和企业融资约束的影响，还受供应链上下游以及制造商企业之间的影响，因此，学者将供应链权力结构纳入企业创新研究中（Che et al.，2021；姚锋敏等，2022；Xia et al.，2021；刘竞等，2021；Jin et al.，2021；陈克兵等，2023；王滔、颜波，2017；Li et al.，2021）。姚锋敏等（2022）指出，当制造商承担 CSR 时，在零售商主导供应链时废旧产品的回收率较制造商主导时高。刘竞等（2021）则考虑在零售商领导和制造商领导下，当需求信息在企业间存在差异时，供应链成员作为市场领导者的先动优势可能会消失。陈克兵等（2023）根据制造商间不同权力结构，发现当某一制造商在定价决策中占主导时其产品的批发价更高，却在竞争方占主导时获得更高的利润。上述研究认为，权力结构变化将对供应链成员决策产生影响。

综上可以看出，现有研究分别从消费者行为、企业融资约束和权力结构三个不同的角度对企业创新行为进行了深入的分析，但将三方面因素综合考虑的研究较少。本章通过构建不同权力结构下三种融资模式共六种情境下由制造商主导的 Stackelberg 博弈模型，数值模拟分析了制造商不同自有资金下的消费者环保意识系数 k、生态创新企业一次性创新投资成本系数 t 以及生态创新企业单位生产成本系数 m 对均衡状态下产品生态创新水平、制造商利润以及供应链整体利润的影响。弥补了现有研究的不足，本章研究的贡献在于，丰富了创新管理和供应链金融交叉的研究内容，为我国政府调整生态创新产业权力结构以及运用金融手段支持企业生态创新行为提供了参考依据。

第二节

基本假设和参数设定

本章假定同一产业链里存在两条二级供应链，一条是生产和销售普通产品（下文由产品 1 指代）的制造商 1 和零售商 1，另一条是生产和销售生态创新产品（下文由产品 2 指代）的制造商 2 和零售商 2，以及购买产品的消费者。其中，制造商资金不足，制造商自有资金水平为 B。

消费者购买两种产品的效用分别为 U_1 与 U_2，其效用函数分别为：

$$\begin{cases} U_1 = (U_0 - p_1) q_1 \\ U_2 = (U_0 + \theta k g_2 - p_2) q_2 \end{cases} \tag{6-1}$$

其中，U_0 为该类型产品的基础效用，满足消费者的基本需求；$k g_2$ 为产品 2 给消费者带来的额外效用，k 为消费者环保意识系数，g_2 为产品 2 的创新水平。p_1 和 p_2 分别为产品 1 和产品 2 的价格；θ 为随机变量，代表消费者对于产品 2 附加效用的敏感程度。当 $U_1 > U_2$ 时，消费者偏向产品 1，反之则选择产品 2。

本章研究的主要假设如下：

假设 1 参考文献（Chen et al.，2021a；杨晓辉、游达明，2022；Wang et al.，2021b；Wei and Wang，2021；Mu et al.，2021），假设制造商 1 生产成本为 $c q_1$，c 为产品 1 的单位基本成本（如单位产品的基本材料和普通工人劳动力费用），制造商 2 生产成本 $c(g_2) = (c + m g_2) q_2 q + t g_2{}^2$，$g_2$ 为产品 2 的创新水平，t 为制造商 2 一次性的创新投资成本系数（如前期研发设备购置），m 为制造商 2 对应不同产品生态创新水平下的单位生产成本系数（如科研人员劳动力费用），其中，$g_2 > 0$，$t > 0$，$m > 0$。

假设 2 随机变量 θ 服从 $[0, 1]$ 均匀分布。则由式（6-1）易求得 $q_1 = \dfrac{p_2 - p_1}{k g_2}$，$q_2 = 1 - \dfrac{p_2 - p_1}{k g_2}$。假设 $(k > m)$，即产品生态创新水平的提升带来的消费者效用的提升大于因此带来的单位产品生产成本的增加。

假设3 在供应链中的制造商往往掌握核心技术，拥有较强的定价权，并处于产业链的核心地位，是其所在供应链的领导者。因此，参考文献（鞠晴江等，2021），假设制造商为主导者，零售商为追随者。制造商主导则分为制造商 1 主导和制造商 2 主导两种权力结构。

假设4 在制造商资金约束情况下，为缓解自身资金压力，资金约束制造商可通过内部融资（下游零售商的提前支付）、银行融资和混合融资三种方式进行融资（见图 6-1）。

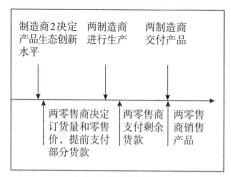

（a）内部融资模式

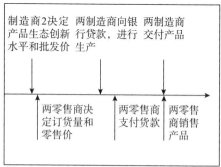

（b）银行融资模式

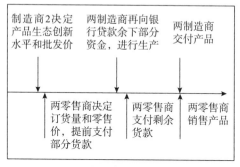

（c）混合融资模式

图 6-1　三种融资模式下的事件发生顺序

为区分多种模式下的参数，本章用下标 h 代表制造商 1 主导的权力结构，下标 x 代表制造商 2 主导的权力结构，下标 e 代表内部融资模式，下标 b 代表银行融资模式，下标 m 代表混合融资模式。产品 1 指代普通产品，产品 2 指代生态创新产品。相关参数如表 6-1 所示。

表6-1 相关参数

参数	定义
p	零售价
q	产品需求量
w	批发价
M	制造商利润
R	零售商利润
S	供应链的总利润，设为供应链中两制造商和两零售商的利润之和
B	制造商初始资金水平
m	制造商2单位生产成本系数
t	制造商2前期一次性创新投资成本系数
c	产品生产成本
a	零售商提前支付货款的折扣比例
f	零售商提前支付比例
g_2	产品2的创新水平
k	消费者环保意识系数
θ	消费者对于产品2附加效用的敏感程度，服从$[0，1]$均匀分布
r_b	银行贷款利率

第**三**节

不同权力结构的供应链决策

一、制造商1主导的供应链决策

在制造商1主导的权力结构下，制造商2首先决定产品2生态创新水平，在产品1价格确定的前提下进入市场与制造商1进行竞争。因此，博弈分为三个阶段：第一阶段，制造商2决定产品生态创新水平；第二阶段，在制造商1确定批发价后，制造商2根据产品1的批发价决定产品2批发价；第三阶段，在零售商1确定零售价后，零售商2根据产品1的零售价决定产品 2 零售价(见图 6-2)。本节采用逆向归纳法求解。

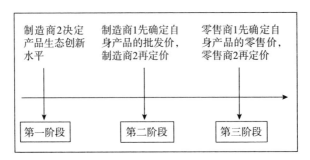

图 6-2　制造商 1 主导权力结构下的三阶段博弈

(一)内部融资模式

在内部融资模式(见图 6-1(a))下,零售商通过支付部分货款给制造商以支持制造商的融资需求,其中零售商的提前付款比例 f 以及零售商提前付款获得的折扣比例 a 是外生变量,一般受整个行业的内在规则和双方议价能力的影响。制造商在收到零售商支付的提前货款之后进行产品创新和生产。零售商因提前付款而获得的折扣收益为 $afwq$。

情形 1　假设在内部融资模式下,制造商 1 满足 $B_1 + fq_{1eh}w_{1eh} \geqslant B_{1h} = cq_{1eh}$。制造商 2 的初始资金水平 $B_2 + fq_{2eh}w_{2eh} \geqslant B_{2h} = (c + mg_{2eh})q_{2eh} + tg_{2eh}^2$。

产品 1 的零售商 1 和制造商 1 的利润函数为:

$$R_{1eh} = q_{1eh}(p_{1eh} - w_{1eh}) + afq_{1eh}w_{1eh} \tag{6-2}$$

$$M_{1eh} = q_{1eh}(w_{1eh} - c) - afq_{1eh}w_{1eh} \tag{6-3}$$

s. t. $B_1 + fq_{1eh}w_{1eh} \geqslant cq_{1eh}$

产品 2 的零售商 2 和制造商 2 的利润函数为:

$$R_{2eh} = q_{2eh}(p_{2eh} - w_{2eh}) + afq_{2eh}w_{2eh} \tag{6-4}$$

$$M_{2eh} = q_{2eh}(w_{2eh} - c) - tg_{2eh}^2 - mq_{2eh}g_{2eh} - afq_{2eh}w_{2eh} \tag{6-5}$$

s. t. $B_2 + fq_{2eh}w_{2eh} \geqslant (c + mg_{2eh})q_{2eh} + tg_{2eh}^2$

采用逆向归纳法求解。

首先从博弈的第三阶段开始。

根据基本假设,易得 $q_{1eh}^* = \dfrac{p_{2eh} - p_{1eh}}{kg_{2eh}}$, $q_{2eh}^* = 1 - \dfrac{p_{2eh} - p_{1eh}}{kg_{2eh}}$,将 q_{2eh}^* 代入 r_{2eh},并对 p_{2eh} 求一阶导数等于零,得出:

$$p_{2eh}{}^* = \frac{p_{1eh}{}^* + w_{2eh} + g_{2eh}k - afw_{2eh}}{2} \tag{6-6}$$

其次，将 $q_{1eh}{}^*$ 和 $p_{2eh}{}^*$ 代入 r_{1eh}，并对 p_{1eh} 求一阶导数等于零，得出：

$$p_{1eh}{}^* = \frac{(1-af)(w_{1eh} + w_{2eh}) + g_{2eh}k}{2} \tag{6-7}$$

$$p_{2eh}{}^* = \frac{(1-af)(w_{1eh} + 3w_{2eh}) + 3g_{2eh}k}{4} \tag{6-8}$$

将 $q_{2eh}{}^*$、$p_{1eh}{}^*$、$p_{2eh}{}^*$ 代入 m_{2eh}，并对 w_{2eh} 求一阶导数等于零，得出：

$$w_{2eh}{}^* = \frac{c + g_{2eh}(3k+m) + w_{1eh}{}^*(1-af)}{2(1-af)} \tag{6-9}$$

将 $w_{2eh}{}^*$、$q_{1eh}{}^*$、$p_{1eh}{}^*$、$p_{2eh}{}^*$ 代入 m_{1eh}，并对 w_{1eh} 求一阶导数等于零，得出：

$$w_{1eh}{}^* = \frac{2c + (5k+m)g_{2eh}}{2(1-af)} \tag{6-10}$$

$$w_{2eh}{}^* = \frac{4c + (11k+3m)g_{2eh}}{4(1-af)} \tag{6-11}$$

最后，将 $w_{1eh}{}^*$，$w_{2eh}{}^*$，$q_{1eh}{}^*$，$p_{1eh}{}^*$，$p_{2eh}{}^*$ 代入 m_{2eh}，并对 g_{2eh} 求一阶导数等于零，得出：

$$g_{2eh}{}^* = \frac{(11k-m)^2}{128kt} \tag{6-12}$$

命题 1 当制造商 2 的初始资金处于 $[B_{2eh}, B_{2h})$ 时，产品 2 的制造商 2 和零售商 2 的均衡决策分别为：

$$g_{2eh}{}^* = \frac{(11k-m)^2}{128kt}, \quad w_{2eh}{}^* = \frac{1331k^3 + 121k^2m - 55km^2 + 512ctk + 3m^3}{512kt(1-af)}$$

$$q_{2eh}{}^* = \frac{11k-m}{16k}, \quad p_{2eh}{}^* = c + \frac{6655k^3 + 121k^2m - 187km^2 + 11m^3}{2048kt}$$

其中，

$$B_{2eh} = \frac{(11k-m)\begin{pmatrix}2662fk^3 + 6fm^3 + 143km^2 - 605k^2m - 1331k^3 - 7m^3 - 1024ckt + 1331afk^3 + 7afm^3 - \\ 110fkm^2 + 242fk^2m + 1024cfkt - 143afkm^2 + 605afk^2m + 1024acfkt\end{pmatrix}}{16384k^2t(af-1)}$$

从而使制造商 2 的初始资金处于 $[B_{2eh}, B_{2h})$ 时，$B_2 + fq_{2eh}w_{2eh} \geqslant (c + mg_{2eh})q_{2eh} + tg_{2eh}{}^2$ 成立。

当制造商 1 的初始资金处于 $[B_{1eh},\ B_{1h})$ 时，产品 1 的制造商 1 和零售商 1 的均衡决策分别为：

$$p_{1eh}{}^* = c + \frac{3025k^3 + 55k^2m - 85km^2 + 5m^3}{1024kt}, \quad w_{1eh}{}^* = \frac{c}{(1-af)} + \frac{(5k+m)(11k-m)^2}{256kt(1-af)}$$

$$q_{1eh}{}^* = \frac{5k+m}{16k}$$

其中，

$$B_{1eh} = \frac{(5k+m)\left(\begin{array}{c}605fk^3 + fm^3 - 256ckt - 17fkm^2 + \\ 11fk^2m + 256cfkt + 256acfkt\end{array}\right)}{4096k^2t(af-1)}$$

从而使当制造商 1 处于 $[B_{1eh},\ B_{1h})$ 时，$B_1 + fq_{1eh}w_{1eh} \geqslant cq_{1eh}$ 成立。

推论 1　在制造商 1 主导的内部融资模式下，产品 1 的制造商 1 和零售商 1 以及产品 2 的制造商 2 和零售商 2 的利润分别为：

$$R_{1eh} = \frac{(55k^2 + 6km - m^2)^2}{16384k^2t}, \quad R_{2eh} = \frac{(11k-m)^4}{32768k^2t}$$

$$M_{1eh} = \frac{(55k^2 + 6km - m^2)^2}{4096k^2t}, \quad M_{2eh} = \frac{(11k-m)^4}{16384k^2t}$$

情形 2　当两制造商初始资金水平 $B_{1eh} < B < B_{2eh}$ 时，将 $w_{2eh}{}^* = \frac{4c + 11g_{2eh}k + 3g_{2eh}m}{4(1-af)}$，$q_{2e}{}^* = \frac{11k-m}{16k}$ 代入约束条件 $B_2 + fq_{2eh}w_{2eh} = (c + mg_{2eh})q_{2eh} + tg_{2eh}^2$，可得：

$$(64kt(af-1))g_{2eh}^2 + (121fk^2 - 44km - 3fm^2 + 4m^2 + 22fkm - 4afm^2 + 44afkm)g_{2eh} + (64B_2k - 44ck + 4cm + 44cfk - 4cfm - 64B_2afk + 44acfk - 4acfm) = 0$$

令 $i = (64kt(af-1))$，$b = (11k-m)(11fk - 4m + 3fm + 4afm)$，$d = 4(16B_2k(1-af) + c(11k-m)(af+f-1))$。

因为 $\Delta = b^2 - 4id = (11k-m)^2(11fk - 4m + 3fm + 4afm)^2 + 1024kt(1-af)(16B_2k(1-af) + c(11k-m)(af+f-1))$

令 $16B_2k(1-af) + c(11k-m)(af+f-1) > 0$ 使 $\Delta > 0$，即 $\dfrac{c(11k-m)(1-f-af)}{16k(1-af)} < B_2 < B_{2eh}$。

求解该一元二次方程可得：

$$\sqrt{\begin{array}{c}(11k-m)^2(11fk-4m+3fm+4afm)^2+1024kt(1-af)\\(16B_2k(1-af)+c(11k-m)(af+f-1))\end{array}}+$$

$$g_{2eh}{}^{*}=\frac{(11k-m)(11fk-4m+3fm+4afm)}{128kt(1-af)}>0$$

其中，令$(f(11k+3m)-4m(1-af))>0$，使判定式 $\Delta>0$，使之有解。

命题 2　在内部融资模式下，当制造商 2 的初始资金低于阈值 B_{2eh} 时，产品 2 的制造商 2 和零售商 2 的均衡决策分别为：

$$w_{2eh}=\frac{4c+11g_{2eh}{}^{*}k+3g_{2eh}{}^{*}m}{4(1-af)},\quad p_{2eh}=c+\frac{55g_{2eh}{}^{*}k+11g_{2eh}{}^{*}m}{16},\quad q_{2eh}{}^{*}=\frac{11k-m}{16k}$$

产品 1 的制造商 1 和零售商 1 的均衡决策分别为：

$$p_{1eh}{}^{*}=\frac{(1-af)(w_{1eh}+w_{2eh})+g_{2eh}{}^{*}k}{2},\quad w_{1eh}{}^{*}=\frac{2c+5g_{2eh}k+g_{2eh}{}^{*}m}{2(1-af)}$$

$$q_{1e}{}^{*}=\frac{5k+m}{16k}$$

$$B_{1eh}=\frac{(5k+m)(2cf-2c+acf+5fg_{2eh}{}^{*}k+fg_{2eh}{}^{*}m)}{32k(af-1)}$$

结论 1　在命题 1 和命题 2 中，制造商的订单量相同且与前期一次性创新投资成本的系数 t 值无关，即制造商 2 可以灵活调控产品创新水平和产品价格来保证市场占有率，t 值的变化不影响市场的偏好选择。

结论 2　通过对比命题 1 和命题 2 中制造商和零售商的均衡决策，可以得到：在制造商 2 初始资金水平高于某一阈值时，制造商的初始资金水平 B 对资金约束供应链的均衡决策没有影响，而零售商提前付款的折扣比例 a 以及零售商提前付款比例 f 只对产品的批发价产生影响。而在制造商 2 的初始资金水平低于该一阈值时，制造商初始资金水平 B 和零售商提前支付货款的折扣比例 a 以及零售商提前支付比例 f 对资金约束供应链的均衡决策都有影响。其内在逻辑是，在制造商 2 的初始资金水平高于某一阈值时，制造商 2 无需零售商提供更多的资金支持，制造商 2 的价格谈判能力更强，可以通过提高创新产品的批发价格，从而将零售商获得的折扣收益收回。而在制造商 2 的初始资金水平低于某一阈值时，制造商 2 则需要零售商提供更多的资金支持，制造商 2 的价格谈判能力变弱，此时制造商将无法通过提高创新产品的批发价格来收回零售商获得的折扣收益。

（二）银行融资模式

制造商可选择向银行融资，引入外部资金。在银行融资模式（见图6-1(b)）下，制造商通过向银行借款后进行创新投资和产品生产，待销售完成后归还银行贷款以及利息，其中银行贷款利率 r_b 为外生变量。本节假设在银行融资模式下，银行作为外部资金供给方在提供贷款服务时能够提供充足的资金。

产品1的零售商1和制造商1的利润函数为：

$$R_{1bh} = (p_{1bh} - w_{1bh}) q_{1bh} \tag{6-13}$$

$$M_{1bh} = (w_{1bh} - c) q_{1bh} - (cq_{1bh} - B) r_b \tag{6-14}$$

产品2的零售商2和制造商2的利润函数为：

$$R_{2bh} = (p_{2bh} - w_{2bh}) q_{2bh} \tag{6-15}$$

$$M_{2bh} = (w_{2bh} - c) q_{2bh} - g_{2bh}^2 t - g_{2bh} mq_{2bh} - (t g_{2bh}^2 + mq_{2bh}g_{2bh} + cq_{2bh} - B) r_b \tag{6-16}$$

同理可得：

命题3 在制造商1主导的银行融资模式下，产品2的制造商2和零售商2的均衡决策分别为：

$$g_{2bh}^* = \frac{(11k - m(1+r_b))^2}{128kt(1+r_b)}, \quad w_{2bh}^* = c(1+r_b) + \frac{(11k + 3m(1+r_b))(11k - m(1+r_b))^2}{512kt(1+r_b)}$$

$$p_{2bh}^* = c(1+r_b) + \frac{(55k + 11m(1+r_b))11k - m(1+r_b)^2}{2048kt(1+r_b)}, \quad q_{2bh}^* = \frac{11k - m(1+r_b)}{16k}$$

产品1的制造商1和零售商1的均衡决策分别为：

$$w_{1bh}^* = c(1+r_b) + \frac{(5k + m(1+r_b))(11k - m(1+r_b))^2}{256kt(1+r_b)},$$

$$p_{1bh}^* = c(1+r_b) + \frac{(5m(1+r_b) + 25k)(11k - m(1+r_b))^2}{1024kt(1+r_b)}, \quad q_{1bh}^* = \frac{5k + m(1+r_b)}{16k}$$

推论2 在制造商1主导的银行融资模式下，产品1的制造商1和零售商1以及产品2的制造商2和零售商2的利润分别为：

$$R_{1bh} = \frac{(55k^2 + 6kmr_b + 6km - m^2 r_b^2 - 2m^2 r_b - m^2)^2}{16384k^2 t(r_b + 1)}$$

$$R_{2bh} = \frac{(m - 11k + mr_b)^4}{32768k^2 t(r_b + 1)}$$

$$3025k^4+\left(660m+660mr_b\right)k^3+\left(-74m^2r_b^2-148m^2r_b-74m^2+4096Btr_b^2+\right.$$

$$\left.4096Btr_b\right)k^2+\left(-12m^3r_b^3-36m^3r_b^2-36m^3r_b-12m^3\right)k+m^4r_b^4+4m^4r_b^3+$$

$$M_{1bh}{}^*=\frac{6m^4r_b^2+4m^4r_b+m^4}{\left(4096t+4096r_bt\right)k^2}$$

$$14641k^4+\left(-5324m-5324mr_b\right)k^3+\left(726m^2r_b^2+1452m^2r_b+726m^2+\right.$$

$$\left.16384Btr_b^2+16384Btr_b\right)k^2+\left(-44m^3r_b^3-132m^3r_b^2-132m^3r_b-44m^3\right)$$

$$M_{2bh}{}^*=\frac{k+m^4r_b^4+4m^4r_b^3+6m^4r_b^2+4m^4r_b+m^4}{\left(16384t+16384r_bt\right)k^2}$$

（三）混合融资模式

在混合融资模式（见图6-1（c））下，资金约束制造商先通过内部融资募集资金数fwq，再向银行借余下部分资金。待销售完成后，归还银行贷款以及利息。

产品1的零售商1和制造商1的利润函数为：

$$R_{1mh}=q_{1mh}\left(p_{1mh}-w_{1mh}\right)+afq_{1mh}w_{1mh} \tag{6-17}$$

$$M_{1mh}=q_{1mh}\left(w_{1mh}-c\right)-afq_{1mh}w_{1mh}-\left(cq_{1mh}-B-fq_{1mh}w_{1mh}\right)r_b \tag{6-18}$$

产品2的零售商2和制造商2的利润函数为：

$$R_{2mh}=q_{2mh}\left(p_{2mh}-w_{2mh}\right)+afq_{2mh}w_{2mh} \tag{6-19}$$

$$M_{2mh}=q_{2mh}\left(w_{2mh}-c\right)-tg_{2mh}{}^2-mq_{2mh}g_{2mh}-afq_{2mh}w_{2mh}-\left(cq_{2mh}+tg_{2mh}{}^2+mq_{2mh}g_{2mh}-\right.$$

$$\left.B-fq_{2mh}w_{2mh}\right)r_b \tag{6-20}$$

采用逆向归纳法求解，同理可得：

命题4　在制造商1主导的混合融资模式下，产品2的制造商2和零售商2的均衡决策分别为：

$$g_{2mh}{}^*=\frac{\left(11k-m-mr_b-11afk+afm+11fkr_b+afmr_b\right)^2}{128kt\left(1-af\right)\left(r_b+1\right)\left(fr_b+1-af\right)}$$

$$w_{2mh}{}^*=\left(\frac{11k+3m+3mr_b-11afk-3afm+11fkr_b-3afmr_b}{4\left(1-af\right)\left(fr_b+1-af\right)}\right)g_{2mh}{}^*+\frac{c\left(1+r_b\right)}{\left(fr_b+1-af\right)}$$

$$p_{2mh}{}^*=\frac{11}{16}\left(\frac{5k+m+mr_b-5afk-afm+5fkr_b-afmr_b}{fr_b+1-af}\right)g_{2mh}{}^*+\frac{c\left(1-af\right)\left(1+r_b\right)}{\left(fr_b+1-af\right)}$$

$$q_{2mh}{}^*=\frac{11k-m-mr_b-11afk+afm+11fkr_b+afmr_b}{16k\left(fr_b+1-af\right)}$$

产品 1 的制造商 1 和零售商 1 的均衡决策分别为：

$$w_{1mh}{}^* = \left(-\frac{5k+m+mr_b-5afk-afm+5fkr_b-afmr_b}{(2af-2)(fr_b+1-af)}\right)g_{2mh}{}^* + \frac{c(r_b+1)}{(fr_b+1-af)}$$

$$p_{1mh}{}^* = \left(\frac{25k+5m+5mr_b-25afk-5afm+25fkr_b-5afmr_b}{8(fr_b+1-af)}\right)g_{2mh}{}^* + \frac{c(1-af)(r_b+1)}{(fr_b+1-af)}$$

$$q_{1mh}{}^* = \frac{5k+m+mr_b-5afk-afm+5fkr_b-afmr_b}{16k(fr_b+1-af)}$$

二、制造商 2 主导的供应链决策

在制造商 2 主导的权力结构下，制造商 2 先决定产品 2 生态创新水平和产品 2 批发价，制造商 1 在产品 2 生态创新水平和产品 2 批发价格确定的前提下，再确定产品 1 批发价。因此，博弈分为三个阶段：第一阶段，制造商 2 决定产品生态创新水平；第二阶段，在制造商 2 确定批发价后，制造商 1 根据创新产品的批发价决定产品 1 批发价；第三阶段，在零售商 2 确定零售价后，零售商 1 根据产品 2 的零售价决定产品 1 零售价（见图 6-3）。本节采用逆向归纳法求解。

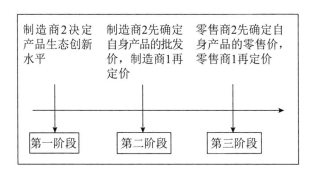

图 6-3　制造商 2 主导权力结构下的三阶段博弈

（一）内部融资模式

在内部融资模式（见图 6-1（a））下，零售商通过支付部分货款给制造商以支持制造商的融资需求，其中零售商的提前付款比例 f 以及零售商提前付款获得的折扣比例 a 是外生变量，一般受整个行业的内在规则和双方议价能力的影响。制造商在收到零售商支付的提前货款之后进行产品创新和生产。零售商因提前付款而获得的折扣收益为 $afwq$。

情形1　假设在内部融资模式下，制造商 1 满足 $B_1 + fq_{1ex}w_{1ex} \geq B_{1x} = cq_{1ex}$。制造商 2 的初始资金水平 $B_2 + fq_{2ex}w_{2ex} \geq B_{2x} = (c + mg_{2ex})q_{2ex} + t\,g_{2ex}^2$。

产品 1 的零售商 1 和制造商 1 的利润函数为：

$$R_{1ex} = q_{1ex}(p_{1ex} - w_{1ex}) + afq_{1ex}w_{1ex} \tag{6-21}$$

$$M_{1ex} = q_{1ex}(w_{1ex} - c) - afq_{1ex}w_{1ex} \tag{6-22}$$

$$\text{s. t. } B_1 + fq_{1ex}w_{1ex} \geq cq_{1ex}$$

产品 2 的零售商 2 和制造商 2 的利润函数为：

$$R_{2ex} = q_{2ex}(p_{2ex} - w_{2ex}) + afq_{2ex}w_{2ex} \tag{6-23}$$

$$M_{2ex} = q_{2ex}(w_{2ex} - c) - t\,g_{2ex}^2 - mq_{2ex}g_{2ex} - afq_{2ex}w_{2ex} \tag{6-24}$$

$$\text{s. t. } B_2 + fq_{2ex}w_{2ex} \geq (c + mg_{2ex})q_{2ex} + t\,g_{2ex}^2$$

采用逆向归纳法求解。

首先，从博弈的第三阶段开始。

根据基本假设，易得 $q_{1ex}^* = \dfrac{p_{2ex} - p_{1ex}}{kg_{2ex}}$，$q_{2ex}^* = 1 - \dfrac{p_{2ex} - p_{1ex}}{kg_{2ex}}$，将 q_{1ex}^* 代入 r_{1ex}，并对 p_{1ex} 求一阶导数等于零，得出：

$$p_{1ex}^* = \frac{p_{2ex} + (1 - af)w_{1ex}}{2} \tag{6-25}$$

其次，将 q_{2ex}^* 和 p_{1ex}^* 代入 r_{2ex}，并对 p_{2ex} 求一阶导数等于零，得出：

$$p_{1ex}^* = \frac{3(1 - af)w_{1ex} + (1 - af)w_{2ex} + 2g_{2ex}k}{4} \tag{6-26}$$

$$p_{2ex}^* = \frac{(1 - af)(w_{1ex} + w_{2ex}) + 2g_{2ex}k}{2} \tag{6-27}$$

将 q_{1ex}^*、p_{1ex}^*、p_{2ex}^* 代入 m_{1ex}，并对 w_{1ex} 求一阶导数等于零，得出：

$$w_{1ex}^* = \frac{c + 2g_{2ex}k + (1 - af)w_{2ex}}{2(1 - af)} \tag{6-28}$$

将 w_{1ex}^*、q_{2ex}^*、p_{1ex}^*、p_{2ex}^* 代入 m_{2ex}，并对 w_{2ex} 求一阶导数等于零，得出：

$$w_{1ex}^* = \frac{4c + (10k + m)g_{2ex}}{4(1 - af)} \tag{6-29}$$

$$w_{2ex}^* = \frac{2c + (6k + m)g_{2ex}}{2(1 - af)} \tag{6-30}$$

最后，将 w_{1ex}^*、w_{2ex}^*、q_{2ex}^*、p_{1ex}^*、p_{2ex}^* 代入 m_{2ex}，并对 g_{2ex} 求一阶

导数等于零，得出：

$$g_{2ex}{}^* = \frac{(6k-m)^2}{64kt} \tag{6-31}$$

同理证得求出来的值为参与者的最优解。

命题5 当制造商2的初始资金处于 $[B_{2ex}, B_{2x})$ 时，产品2的制造商2和零售商2的均衡决策分别为：

$$g_{2ex}{}^* = \frac{(6k-m)^2}{64kt}, \quad w_{2ex}{}^* = \frac{128ktc+(6k+m)(6k-m)^2}{(1-af)128kt}$$

$$q_{2ex}{}^* = \frac{6k-m}{16k}, \quad p_{2ex}{}^* = c + \frac{1080k^3-252k^2m-6km^2+3m^3}{512kt}$$

其中，

$$B_{2ex} = \frac{(m-6k)\begin{pmatrix}432fk^3+2fm^3+30km^2-36k^2m-216k^3-3m^3-256ckt+\\216afk^3+3afm^3-12fkm^2-72fk^2m+256cfkt-30afkm^2+\\36afk^2m+256acfkt\end{pmatrix}}{4096k^2t(1-af)}$$

从而使制造商2的初始资金处于 $[B_{2ex}, B_{2x})$ 时，$B_2+fq_{2ex}w_{2ex} \geqslant (c+mg_{2ex})q_{2ex}+tg_{2ex}{}^2$ 成立。

当制造商1的初始资金处于 $[B_{1ex}, B_{1x})$ 时，产品1的制造商1和零售商1的均衡决策分别为：

$$p_{1ex}{}^* = \frac{1800k^3-420k^2m-10km^2+1024ctk+5m^3}{1024kt}, \quad w_{1ex}{}^* = \frac{360k^3-84k^2m-2km^2+256ctk+m^3}{256kt(1-af)}$$

$$q_{1ex}{}^* = \frac{10k+m}{16k}$$

其中，

$$B_{1ex} = \frac{(10k+m)(360fk^3+fm^3-256ckt-2fkm^2-84fk^2m+256cfkt+256acfkt)}{4096k^2t(af-1)}$$

从而使当制造商1处于 $[B_{1ex}, B_{1x})$ 时，$B_1+fq_{1ex}w_{1ex} \geqslant cq_{1ex}$ 成立。

推论3 在制造商2主导的内部融资模式下，产品1的制造商1和零售商1以及产品2的制造商2和零售商2的利润分别为：

$$R_{1ex} = \frac{(60k^2-4km-m^2)^2}{16384k^2t}, \quad R_{2ex} = \frac{(6k-m)^4}{8192k^2t}$$

$$M_{1ex} = \frac{(60k^2 - 4km - m^2)^2}{4096k^2t}, \quad M_{2ex} = \frac{(6k-m)^4}{4096k^2t}$$

情形 2　当两制造商初始资金水平 $B_{1ex} < B < B_{2ex}$ 时，将 $w_{2ex}^* = \dfrac{2c + (6k+m)g_{2ex}}{2(1-af)}$，

$q_{2ex}^* = \dfrac{6k-m}{16k}$ 代入约束条件 $B_2 + fq_{2ex}w_{2ex} = (c + mg_{2ex})q_{2ex} + tg_{2ex}^2$，可得：

$$\left(-\frac{32kt - 32afkt}{32k(af-1)} \right)g_{2ex}^2 + \left(-\frac{12km - 36fk^2 + fm^2 - 2m^2 + 2afm^2 - 12afkm}{32k(af-1)} \right)g_{2ex} +$$

$$\frac{32Bk - 12ck + 2cm + 12cfk - 2cfm - 32Bafk + 12acfk - 2acfm}{32k(af-1)} = 0$$

令 $i = 32kt(af-1)$，$b = (6k-m)(6fk - 2m + fm + 2afm) d = 2(16B_2k(1-af) + c$ $(m-6k)(1-f-af))$。

其中，$k \neq 0$，$af \neq 1$。

因为 $\Delta = b^2 - 4id = (6k-m)^2(6fk - 2m + fm + 2afm)^2 + 256kt(1-af)(16B_2k$ $(1-af) + c(m-6k)(1-f-af))$

令 $16B_2k(1-af) + c(m-6k)(1-f-af) > 0$ 使 $\Delta > 0$，即 $\dfrac{c(6k-m)(1-f-af)}{16k(1-af)} < B_2 <$

B_{2ex}。

求解该一元二次方程可得：

$$g_{2ex}^* = \frac{(6k-m)(6fk - 2m + fm + 2afm) + \sqrt{\begin{array}{c}(6k-m)^2(6fk - 2m + fm + 2afm)^2 + 256kt(af-1) \\ (16B_2k(1-af) + c(m-6k)(1-f-af))\end{array}}}{64kt(1-af)} > 0$$

其中，令 $(f(6k+m) - 2m(1-af)) > 0$。

命题 6　在内部融资模式下，当制造商 2 的初始资金低于阈值 B_{2ex} 时，产品 2 制造商 2 和零售商 2 的均衡决策分别为：

$$w_{2ex}^* = \frac{2c + (6k+m)g_{2ex}^*}{2(1-af)}, \quad p_{2ex}^* = c + \frac{(10k+m)3g_{2ex}^*}{8}, \quad q_{2ex}^* = \frac{6k-m}{16k}$$

则当制造商 1 的初始资金处于 $[B_{1ex}, B_{1x})$ 时，产品 1 的制造商 1 和零售商 1 的均衡决策分别为：

$$p_{1ex}^* = c + \frac{5(10k+m)g_{2ex}^*}{16}, \quad w_{1ex}^* = \frac{c}{(1-af)} + \frac{(10k+m)g_{2ex}^*}{4(1-af)}$$

$$q_{1ex}{}^* = \frac{5k+m}{16k}$$

$$B_{1ex} = \frac{(5k+m)(2cf-2c+2acf+5fg_{2ex}{}^*k+fg_{ex}{}^*m)}{32k(af-1)}$$

（二）银行融资模式

在银行融资模式（见图6-1（b））下，制造商通过向银行借款后进行创新投资和产品生产，待销售完成后归还银行贷款以及利息，其中银行贷款利率 r_b 为外生变量。本节假设在银行融资模式下，银行作为外部资金供给方在提供贷款服务时能够提供充足的资金。

产品1的零售商1和制造商1的利润函数为：

$$R_{1bx} = (p_{1bx} - w_{1bx})q_{1bx} \tag{6-32}$$

$$M_{1bx} = (w_{1bx} - c)q_{1bx} - (cq_{1bx} - B)r_b \tag{6-33}$$

产品2的零售商2和制造商2的利润函数为：

$$R_{2bx} = (p_{2bx} - w_{2bx})q_{2bx} \tag{6-34}$$

$$M_{2bx} = (w_{2bx} - c)q_{2bx} - g_{2bx}{}^2 t - g_{2bx}mq_{2bx} - (tg_{2bx}{}^2 + mq_{2bx}g_{2bx} + cq_{2bx} - B)r_{bx} \tag{6-35}$$

同理可得：

命题7 在银行融资模式下，产品2的制造商2和零售商2的均衡决策分别为：

$$g_{2bx}{}^* = \frac{(6k-m(1+r_b))^2}{64kt(1+r_b)}, \quad w_{2bx}{}^* = c(1+r_b) + \frac{(6k+m(1+r_b))(6k-m(1+r_b))^2}{128kt(1+r_b)}$$

$$p_{2bx}{}^* = c(1+r_b) + \frac{3(10k+m(1+r_b))(6k-m(1+r_b))^2}{512kt(1+r_b)}, \quad q_{2bx}{}^* = \frac{6k-m(1+r_b)}{16k}$$

产品1的制造商1和零售商1的均衡决策分别为：

$$w_{1bx}{}^* = c(1+r_b) + \frac{(10k+m(1+r_b))(6k-m(1+r_b))^2}{256kt(1+r_b)}$$

$$p_{1bx}{}^* = c(1+r_b) + \frac{5(10k+m(1+r_b))(6k-m(1+r_b))^2}{1024kt(1+r_b)}, \quad q_{1bx}{}^* = \frac{10k+m(1+r_b)}{16k}$$

推论4 在制造商2主导的内部融资模式下，产品1的制造商1和零售商1以及产品2的制造商2和零售商2的利润分别为：

$$R_{1bx}{}^* = \frac{(m-6k+mr_b)^2(10k+m+mr_b)^2}{16384k^2 t(r_b+1)}, \quad R_{2bx}{}^* = \frac{(m-6k+mr_b)^4}{8192k^2 t(r_b+1)}$$

$$M_{1bx}{}^* = \frac{\begin{aligned}&3600k^4+(-480m-480mr_b)k^3+(-104m^2r_b^2-208m^2r_b-104m^2+\\&4096Btr_b^2+4096Btr_b)k^2+(8m^3r_b^3+24m^3r_b^2+24m^3r_b+8m^3)k+\\&m^4r_b^4+4m^4r_b^3+6m^4r_b^2+4m^4r_b+m^4\end{aligned}}{(4096t+4096r_bt)k^2}$$

$$M_{2bx}{}^* = \frac{\begin{aligned}&1296k^4+(-864m-864mr_b)k^3+(216m^2r_b^2+432m^2r_b+216m^2+\\&4096Btr_b^2+4096Btr_b)k^2+(-24m^3r_b^3-72m^3r_b^2-72m^3r_b-24m^3)k+\\&m^4r_b^4+4m^4r_b^3+6m^4r_b^2+4m^4r_b+m^4\end{aligned}}{(4096t+4096r_bt)k^2}$$

（三）混合融资模式

在混合融资模式（见图 6-1（c））下，资金约束制造商先通过内部融资募集资金数 fwq，再向银行借余下部分资金。待销售完成后，归还银行贷款以及利息。

产品 1 的零售商 1 和制造商 1 的利润函数为：

$$R_{1mx}=q_{1mx}(p_{1mx}-w_{1mx})+afq_{1mx}w_{1mx} \qquad (6-36)$$

$$M_{1mx}=q_{1mx}(w_{1mx}-c)-afq_{1mx}w_{1mx}-(cq_{1mx}-B-fq_{1mx}w_{1mx})r_b \qquad (6-37)$$

产品 2 的零售商 2 和制造商 2 的利润函数为：

$$R_{2mx}=q_{2mx}(p_{2mx}-w_{2mx})+afq_{2mx}w_{2mx} \qquad (6-38)$$

$$M_{2mx}=q_{2mx}(w_{2mx}-c)-tg_{2mx}{}^2-mq_{2mx}g_{2mx}-afq_{2mx}w_{2mx}-(cq_{2mx}+tg_{2mx}{}^2+mq_{2mx}g_{2mx}-B-fq_{2mx}w_{2mx})r_b \qquad (6-39)$$

采用逆向归纳法求解，同理可得：

命题 8 在混合融资模式下，产品 2 的制造商 2 和零售商 2 的均衡决策分别为：

$$g_{2mx}{}^* = \frac{(6k-m-mr_b-6afk+afm+6fkr_b+afmr_b)^2}{64kt(1-af)(r_b+1)(fr_b+1-af)},$$

$$w_{2mx}{}^* = \left(\frac{6k+m+mr_b-6afk-afm+6fkr_b-afmr_b}{2(1-af)(fr_b+1-af)}\right)g_{2mx}{}^*+\frac{c(r_b+1)}{(fr_b+1-af)},$$

$$p_{2mx}{}^* = \frac{3}{8}\left(\frac{10k+m+mr_b-10afk-afm+10fkr_b-afmr_b}{(fr_b+1-af)}\right)g_{2mx}{}^*+\frac{c(1-af)(r_b+1)}{(fr_b+1-af)}$$

$$q_{2mx}{}^* = \frac{6k-m-mr_b-6afk+afm+6fkr_b+afmr_b}{16k(fr_b+1-af)}$$

产品 1 的制造商 1 和零售商 1 的均衡决策分别为：

$$w_{1mx}{}^* = \left(\frac{10k+m+mr_b-10afk-afm+10fkr_b-afmr_b}{4(1-af)(fr_b+1-af)}\right)g_{2mx}{}^* + \frac{c(r_b+1)}{(fr_b+1-af)}$$

$$p_{1mx}{}^* = \frac{5}{16}\left(\frac{10k+m+mr_b-10afk-afm+10fkr_b-afmr_b}{(fr_b+1-af)}\right)g_{2mx}{}^* + \frac{c(1-af)(r_b+1)}{(fr_b+1-af)},$$

$$q_{1mx}{}^* = \frac{10k+m+mr_b-10afk-afm+10fkr_b-afmr_b}{16k(fr_b+1-af)}$$

第四节
不同权力结构和融资模式下的比较研究

根据表 6-2，可得结论 3。

结论 3

（1）当 $k>m$，相较于制造商 1 主导的权力结构，制造商 2 主导的权力结构下产品 1 的市场占有率更高，而产品 2 的市场占有率和创新水平更低。

（2）相较于制造商 1 主导的权力结构，制造商 2 主导的权力结构下任意产品的批发价、零售价更低。

（3）当 $r_b>0$，相较于内部融资模式，银行融资模式的产品 1 的市场占有率更高，而产品 2 的市场占有率和创新水平更低。

（4）无论哪种融资模式和权力结构，k 值的增加对任意产品的价格、创新水平都是正向影响。

（5）制造商 1 不投资产品创新，但产品 1 价格也会随着 k 值的增加而增加，制造商 1 存在"搭便车"行为。

表 6-2　不同权力结构和融资模式下供应链最优运营决策对比

	内部融资模式	
	制造商 1 主导	制造商 2 主导
q_1	$\frac{5k+m}{16k}$	$\frac{10k+m}{16k}$

续表

	制造商 1 主导	制造商 2 主导
p_1	$c+\dfrac{5(m+5k)(11k-m)^2}{1024kt}$	$c+\dfrac{5(10k+m)(6k-m)^2}{1024kt}$
w_1	$\dfrac{c}{(1-af)}+\dfrac{(5k+m)(11k-m)^2}{256kt(1-af)}$	$\dfrac{c}{(1-af)}+\dfrac{(10k+m)(6k-m)^2}{256kt(1-af)}$
q_2	$\dfrac{11k-m}{16k}$	$\dfrac{6k-m}{16k}$
p_2	$c+\dfrac{(55k+11m)(11k-m)^2}{2048kt}$	$c+\dfrac{3(10k+m)(6k-m)^2}{512kt}$
w_2	$\dfrac{c}{(1-af)}+\dfrac{(11k+3m)(11k-m)^2}{512kt(1-af)}$	$\dfrac{c}{(1-af)}+\dfrac{(6k+m)(6k-m)^2}{(1-af)128kt}$
g_2	$\dfrac{(11k-m)^2}{128kt}$	$\dfrac{(6k-m)^2}{64kt}$

银行融资模式

	制造商 1 主导	制造商 2 主导
q_1	$\dfrac{5k+m(1+r_b)}{16k}$	$\dfrac{10k+m(1+r_b)}{16k}$
p_1	$c(1+r_b)+\dfrac{5(m(1+r_b)+5k)(11k-m(1+r_b))^2}{1024kt(1+r_b)}$	$c(1+r_b)+\dfrac{5(10k+m(1+r_b))(6k-m(1+r_b))^2}{1024kt(1+r_b)}$
w_1	$c(1+r_b)+\dfrac{(5k+m(1+r_b))(11k-m(1+r_b))^2}{256kt(1+r_b)}$	$c(1+r_b)+\dfrac{(10k+m(1+r_b))(6k-m(1+r_b))^2}{256kt(1+r_b)}$
q_2	$\dfrac{11k-m(1+r_b)}{16k}$	$\dfrac{6k-m(1+r_b)}{16k}$
p_2	$c(1+r_b)+\dfrac{(55k+11m(1+r_b))(11k-m(1+r_b))^2}{2048kt(1+r_b)}$	$c(1+r_b)+\dfrac{3(10k+m(1+r_b))(6k-m(1+r_b))^2}{512kt(1+r_b)}$
w_2	$c(1+r_b)+\dfrac{(11k+3m(1+r_b))(11k-m(1+r_b))^2}{512kt(1+r_b)}$	$c(1+r_b)+\dfrac{(6k+m(1+r_b))(6k-m(1+r_b))^2}{128kt(1+r_b)}$
g_2	$\dfrac{(11k-m(1+r_b))^2}{128kt(1+r_b)}$	$\dfrac{(6k-m(1+r_b))^2}{64kt(1+r_b)}$

混合融资模式

	制造商 1 主导	制造商 2 主导
q_1	$\dfrac{5}{16}+\dfrac{m(1-af)(1+r_b)}{16k(fr_b+1-af)}$	$\dfrac{5}{8}+\dfrac{m(1-af)(1+r_b)}{16k(fr_b+1-af)}$

续表

p_1	$\dfrac{5}{8}\left(5k+\dfrac{m(1-af)(1+r_b)}{fr_b+1-af}\right)g_{2mh}^{*}+$ $\dfrac{c(1-af)(r_b+1)}{fr_b+1-af}$	$\dfrac{5}{16}\left(10k+\dfrac{m(1-af)(1+r_b)}{fr_b+1-af}\right)g_{2mx}^{*}+$ $\dfrac{c(1-af)(r_b+1)}{fr_b+1-af}$
w_1	$\left(\dfrac{5k(fr_b+1-af)+m(1-af)(1+r_b)}{2(1-af)(fr_b+1-af)}\right)g_{2mh}^{*}+$ $\dfrac{c(r_b+1)}{fr_b+1-af}$	$\left(\dfrac{10k(fr_b+1-af)+m(1-af)(1+r_b)}{4(1-af)(fr_b+1-af)}\right)g_{2mx}^{*}+$ $\dfrac{c(r_b+1)}{fr_b+1-af}$
q_2	$\dfrac{11}{16}-\dfrac{m(1-af)(1+r_b)}{16k(fr_b+1-af)}$	$\dfrac{6}{16}-\dfrac{m(1-af)(1+r_b)}{16k(fr_b+1-af)}$
p_2	$\dfrac{11}{16}\left(5k+\dfrac{m(1-af)(1+r_b)}{fr_b+1-af}\right)g_{2mh}^{*}+$ $\dfrac{c(1-af)(1+r_b)}{fr_b+1-af}$	$\dfrac{3}{8}\left(10k+\dfrac{m(1-af)(1+r_b)}{fr_b+1-af}\right)g_{2mx}^{*}$ $+\dfrac{c(1-af)(r_b+1)}{fr_b+1-af}$
w_2	$\left(\dfrac{11k(fr_b+1-af)+3m(1-af)(1+r_b)}{4(1-af)(fr_b+1-af)}\right)g_{2mh}^{*}+$ $\dfrac{c(1+r_b)}{fr_b+1-af}$	$\left(\dfrac{6k(fr_b+1-af)+m(1-af)(1+r_b)}{2(1-af)(fr_b+1-af)}\right)g_{2mx}^{*}+$ $\dfrac{c(r_b+1)}{fr_b+1-af}$
g_2	$\dfrac{(11k(fr_b+1-af)-m(1-af)(1+r_b))^2}{128kt(1-af)(r_b+1)(fr_b+1-af)}$	$\dfrac{(6k(fr_b+1-af)-m(1-af)(1+r_b))^2}{64kt(1-af)(r_b+1)(fr_b+1-af)}$

第五节
数值模拟及仿真分析

考虑到所列式子的复杂性，采用 Matlab 软件作为计算工具对各个公式求解。针对制造商 2 一次性创新投资成本系数 t，制造商 2 单位生产成本系数 m，产品 2 在市场上的认可度 k 变化及带来的影响进行数值分析，以期得到有利结论，从而为政府以及供应链相关主体的决策提供参考依据。

一、内部融资模式下对自有资金阈值的影响分析

假设 $c=2$，$m=0.2$，$t=0.5$，$k=1$，$a=0.1$，$f=0.2$，$r_b=0.06$。

图 6-4(a) 表明，任意权力结构和融资模式下，随着消费者环保意识系数 k 值的增加，制造商 2 的自有资金阈值呈不断上升的趋势，制造商 1 的自有资金阈值呈不断下降的趋势。其内在逻辑是，在资金充足的情况下，制造商可以选择调控自己的产品生态创新水平或者产品价格两种策略来保持市场占有率不变。而随着消费者环保意识系数的提升，产品的价格上升，因此在自有资金充足的情况下，制造商 2 会选择让产品生态创新水平随着 k 值的增加而增加来保证自己的市场占有率，因此制造商 2 的整体生产成本随之上升，从而导致制造商 2 的自有资金阈值上升。而随着制造商 2 产品生态创新水平的上升，存在产品 1 的批发价随着产品 2 批发价的上升而上升的"搭便车"行为，生产普通产品的制造商 1 在成本不变的情况下，收到的零售商提前付款资金增加，从而导致制造商 1 的自有资金阈值下降。

图 6-4(b) 表明，任意权力结构和融资模式下，随着制造商 2 一次性创新投资成本系数 t 值的增加，制造商 2 的自有资金阈值呈不断下降的趋势，制造商 1 的自有资金阈值呈不断上升的趋势。其内在逻辑是，当消费者环保意识系数不变时，制造商 2 的产品生态创新水平随着 t 值增加而下降，制造商 2 的整体生产成本下降，所以制造商 2 的自有资金阈值下降。而创新产品的创新水平下降将降低产品 1 的批发价格，所以制造商 1 的自有资金阈值上升。

图 6-4(c) 表明，在制造商 1 主导的权力结构下，随着制造商 2 单位生产成本系数 m 的增加，制造商 2 的自有资金阈值呈不断上升的趋势，制造商 1 的自有资金阈值虽然呈不断上升的趋势，但是趋势不明显。在制造商 2 主导的权力结构下，随着制造商 2 单位生产成本系数 m 的增加，制造商 2 的自有资金阈值呈不断下降的趋势，制造商 1 的自有资金阈值呈不断上升的趋势。随着 m 的增加，不同权力结构下制造商 2 的自有资金阈值趋势不同的主要原因在于，m 的增加降低了产品 2 的创新水平，而产品 2 的创新水平的下降，一方面降低了制造商 2 的创新投入成本，另一方面也降低了零售商 2 向制造商 2 的提前支付货款量。因此，当产品 2 提前支付货款减少量

大于制造商 2 创新投入成本减少量时，制造商 2 的自有资金阈值呈不断上升趋势，当产品 2 提前支付货款减少量小于制造商 2 创新投入成本减少量时，制造商 2 的自有资金阈值呈不断下降趋势。

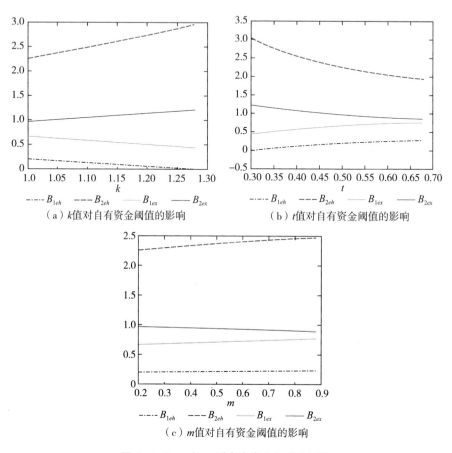

图 6-4 k、t 和 m 对自有资金阈值的影响

图 6-4 表明，无论哪个参数变化，制造商 1 主导的权力结构对制造商 2 自有资金阈值要求最高，对制造商 1 自有资金阈值要求最低。而制造商 2 主导的权力结构对制造商自有资金阈值要求在两者中间，而且随着参数 t、m 的增加，制造商 2 自有资金阈值要求将从高于制造商 1 自有资金阈值要求到低于制造商 1 自有资金阈值要求转变。其原因是在制造商 2 主导的权力结构下，产品 1 的市场占有率将高于产品 2 的市场占有率，生产产品 1 所要投入的总成本变高。

二、资金约束制造商融资决策的影响分析

在内部融资下，本节研究限定 $k \in [1, 1.28]$、$t \in [0.3, 0.7]$ 和 $m \in [0.2, 0.9]$，使 $B_2 > B_1$ 前提条件存在，以便分析。然后，通过上述对内部融资模式下对自有资金阈值的影响分析中区分 $B \in [B_{2ex}, B_{2eh})$、$B \in [B_{1ex}, B_{2ex})$、$B \in [B_{1eh}, B_{1ex})$ 三个区间，本节分别讨论了 $B = 1.5$、$B = 0.8$、$B = 0.4$ 三类情况下资金约束制造商融资决策，发现对权力结构和融资决策的最终选择结果不产生根本性改变，当 $B = 0.8$ 时，制造商 1 主导的权力结构内部融资模式情形 2 在现有参数下不符合约束条件，制造商 2 主导的权力结构内部融资模式情形 2 的供应链整体利润最低。当 $B = 0.4$ 时，两权力结构的内部融资模式情形 2 在现有参数下都不符合约束条件。这说明，如果当制造商自有资金较低且市场只存在内部融资模式，市场的生态创新行为将很难发生。因此本节研究只展示当资金约束制造商自有资金 $B \in [B_{2ex}, B_{2eh})$ 时，令 $B = 1.5$，$c = 2$，$m = 0.2$，$t = 0.5$，$k = 1$，$a = 0.1$，$f = 0.2$，$r_b = 0.06$ 时的数值模拟结果。此外，从图 6-4 中可知，当制造商 1 主导的权力结构下，当内部融资制造商 2 资金量 B 等于 1.5 时情形 1 不发生，满足情形 2 资金约束这一条件。因此在下面影响分析中，本节剔除制造商 1 主导的权力结构下的内部融资的情形 1。当企业能利用自有资金进行创新时，则只会利用自有资金创新，因此其他模式在 $B = 1.5$ 的影响分析图中都表达的是情形 1，情形 2 则不讨论。为此，本节研究在其标示后加数字 2 来表达情形 2，以区分情形 1 和情形 2。

图 6-5(a) 表明，任意权力结构和融资模式下，随着消费者环保意识系数 k 值的增加，产品 2 生态创新水平呈不断上升的趋势。在制造商 1 主导的权力结构下，混合融资模式的产品 2 生态创新水平最高，内部融资模式情形 2 的产品 2 生态创新水平先是高于制造商 2 主导的任意融资模式，然后被制造商 2 主导的任意融资模式赶超。在制造商 2 主导的权力结构下，内部融资模式情形 1 的产品 2 生态创新水平最高。

图 6-5(b) 表明，任意权力结构和融资模式下，随着消费者环保意识系数 k 值的增加，制造商 1 利润呈不断上升的趋势。在制造商 1 主导的权力结构下，混合融资模式的制造商 1 利润最高。在制造商 2 主导的权力结构下，三种融资模式制造商 1 利润相差不大，但内部融资模式情形 1 的增

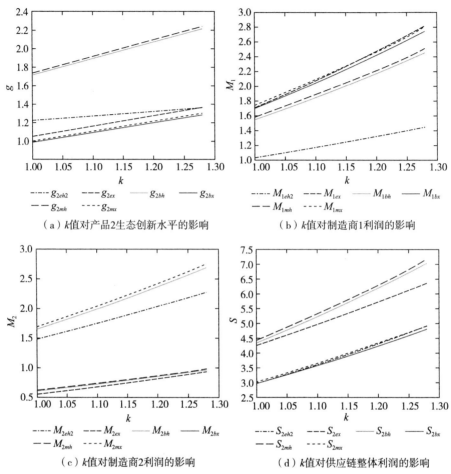

（a）k值对产品2生态创新水平的影响 （b）k值对制造商1利润的影响

（c）k值对制造商2利润的影响 （d）k值对供应链整体利润的影响

图6-5　k值对资金约束制造商融资决策的影响

速高于其他融资模式。总体而言，相较于制造商 1 主导的权力结构，制造商 2 主导的权力结构下制造商 1 利润普遍更高。其原因在于，相较于制造商 2 主导的权力结构，制造商 1 主导的权力结构下产品 1 市场占有率更低。

图 6-5(c)表明，任意权力结构和融资模式下，随着消费者环保意识系数 k 值的增加，制造商 2 利润呈不断上升的趋势。在制造商 1 主导的权力结构下，混合融资模式的制造商 2 利润最高。在制造商 2 主导的权力结构下，三种融资模式制造商 2 利润相差不大，但相较于其他融资模式，混合融资模式下制造商 2 利润更高，但内部融资模式情形 1 的制造商 2 利润增速更快。总体而言，相较于制造商 1 主导的权力结构，制造商 2 主导的

权力结构下制造商 2 利润普遍更低。

图 6-5(d)表明，任意权力结构和融资模式下，随着消费者环保意识系数 k 值的增加，供应链整体利润呈不断上升的趋势。在制造商 1 主导的权力结构下，混合融资模式的供应链整体利润最高。在制造商 2 主导的权力结构下，三种融资模式供应链整体利润相差不大，但相较于其他融资模式，内部融资模式情形 1 的供应链整体利润增速更快，其供应链整体利润最终超过其他融资模式。总体而言，相较于制造商 1 主导的权力结构，制造商 2 主导的权力结构下供应链整体利润普遍更低。

图 6-5 表明，任意权力结构和融资模式下，随着消费者环保意识系数 k 值的增加，产品 2 生态创新水平、制造商 1 利润、制造商 2 利润和供应链整体利润呈不断上升的趋势，即消费者环保意识系数的提高对该供应链参与者都有利。其次，在制造商 2 主导的权力结构下，存在内部融资模式资金成本最低，产品 2 生态创新水平最高，而制造商 2 利润最低的情况。其内在原因是，当 $B=1.5$，在制造商 2 主导的权力结构下的制造商 2 存在过剩资金未利用，这也解释了相较于其他融资模式，随着 k 值的增加，制造商 2 利用过剩资金生产创造收益致使内部融资模式制造商 2 利润上升趋势增速最快的现象。此外，在权力结构选择中，制造商 1 主导的权力结构对供应链整体最优，但对制造商 1 不利；在融资模式选择中，混合融资模式对供应链整体最优。

图 6-6(a)表明，任意权力结构和融资模式下，随着制造商 2 一次性创新投资成本系数 t 值的增加，产品 2 生态创新水平呈不断下降的趋势。在制造商 1 主导的权力结构下，混合融资模式的产品 2 生态创新水平最高，但内部融资模式情形 2 的产品 2 生态创新水平下降速度最慢。在制造商 2 主导的权力结构下，内部融资模式情形 1 的产品 2 生态创新水平最高。

图 6-6(b)表明，任意权力结构和融资模式下，随着制造商 2 一次性创新投资成本系数 t 值的增加，制造商 1 利润呈不断下降的趋势。在制造商 1 主导的权力结构下，混合融资模式的制造商 1 利润最高。在制造商 2 主导的权力结构下，三种融资模式制造商 1 利润相差不大，但内部融资模式情形 1 的制造商 1 利润下降速度高于其他融资模式。总体而言，相较于制造商 1 主导的权力结构，制造商 2 主导的权力结构下制造商 1 利润普遍更高。

图 6-6(c)表明，任意权力结构和融资模式下，随着制造商 2 一次性创

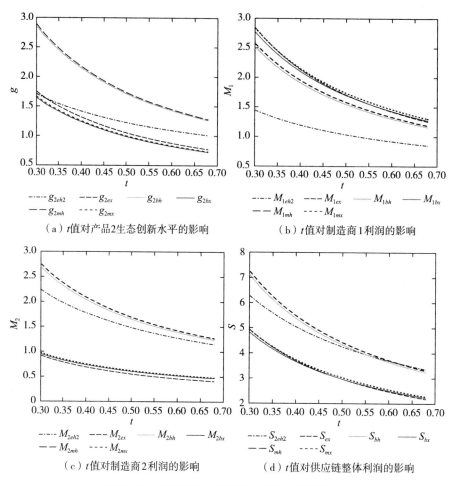

（a）t值对产品2生态创新水平的影响　　　　（b）t值对制造商1利润的影响

（c）t值对制造商2利润的影响　　　　（d）t值对供应链整体利润的影响

图6-6　t值对资金约束制造商融资决策的影响

新投资成本系数 t 值的增加，制造商 2 利润呈不断下降的趋势。在制造商 1 主导的权力结构下，混合融资模式的制造商 2 利润最高，但内部融资模式情形 2 的制造商 2 利润下降速度最慢。在制造商 2 主导的权力结构下，三种融资模式制造商 2 利润相差不大，但相较于其他融资模式，混合融资模式下制造商 2 利润更高，但内部融资模式情形 1 的制造商 2 利润下降速度更快。总体而言，相较于制造商 1 主导的权力结构，制造商 2 主导的权力结构下制造商 2 利润普遍更低。

图 6-6(d)表明，任意权力结构和融资模式下，随着制造商 2 一次性创新投资成本系数 t 值的增加，供应链整体利润呈不断下降的趋势。在制

造商 1 主导的权力结构下，内部融资模式情形 2 的供应链整体利润下降速度最慢，因此随着 t 值的增加，内部融资模式情形 2 的供应链整体利润由最初低于其他融资模式到最终高于其他融资模式。这说明，对供应链整体而言，随着一次性创新投资成本的上升，外部融资总成本过高，供应链不从外部融资，反而在现有资金下直接生产为最优决策。在制造商 2 主导的权力结构下，三种融资模式供应链整体利润相差不大。总体而言，相较于制造商 1 主导的权力结构，制造商 2 主导的权力结构供应链整体利润普遍更低。

图 6-6 表明，任意权力结构和融资模式下，随着制造商 2 一次性创新投资成本系数 t 值的增加，产品 2 生态创新水平、制造商 1 利润、制造商 2 利润和供应链整体利润呈不断下降的趋势，即制造商 2 一次性创新投资成本的提高对该供应链参与者都不利。在权力结构选择中，制造商 1 主导的权力结构对供应链整体最优，但对制造商 1 不利。在融资模式选择中，当 $t \in [0.3, 0.57]$ 时，混合融资模式对供应链整体最优；当 $t > 0.57$ 时，内部融资模式情形 2 对供应链整体最优。

图 6-7(a) 表明，任意权力结构和融资模式下，随着制造商 2 单位生产成本系数 m 值的增加，产品 2 生态创新水平呈不断下降的趋势。在制造商 1 主导的权力结构下，混合融资模式的产品 2 生态创新水平最高，内部融资模式情形 2 的产品 2 生态创新水平下降速度最快。在制造商 2 主导的权力结构下，内部融资模式情形 1 的产品 2 生态创新水平最高。

图 6-7(b) 表明，在制造商 1 主导的权力结构下，随着制造商 2 单位生产成本系数 m 值的增加，混合融资模式和银行融资模式下制造商 1 利润呈不断上升的趋势，而内部融资模式情形 2 的制造商 1 利润呈不断下降的趋势。在制造商 2 主导的权力结构下，随着制造商 2 单位生产成本系数 m 值的增加，任意融资模式制造商 1 利润呈不断下降的趋势。在不同权力结构下制造商 1 利润变化趋势不同的原因在于，其权力结构的变化导致产品批发价格变化，进而导致制造商 1 利润变化趋势不同。而内部融资模式情形 2 的制造商 1 利润呈不断下降趋势的原因是，制造商 1 缺乏资金，导致谈判能力下降而内部融资成本上升，将资金转移给了零售商 1。总体而言，随着 m 值的增加，制造商 1 主导的权力结构下制造商 1 利润由最初低于制造商 2 主导的权力结构下制造商 1 利润到最终高于制造商 2 主导的权力结构下制造商 1 利润。在两种权力结构下，混合融资模式的制造商 1 利润最高。

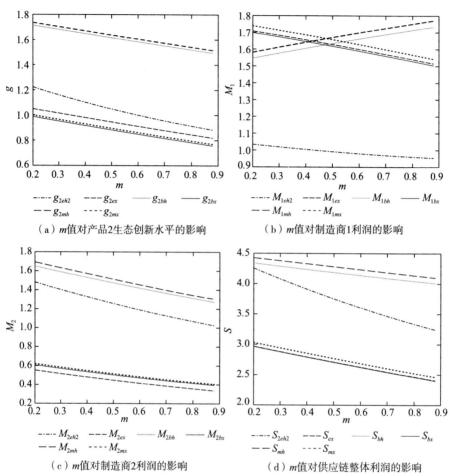

（a）m值对产品2生态创新水平的影响　　（b）m值对制造商1利润的影响

（c）m值对制造商2利润的影响　　（d）m值对供应链整体利润的影响

图 6-7　*m* 值对资金约束制造商融资决策的影响

图 6-7（c）表明，任意权力结构和融资模式下，随着制造商 2 单位生产成本系数 *m* 值的增加，制造商 2 利润呈不断下降的趋势。在制造商 1 主导的权力结构下，混合融资模式的制造商 2 利润最高，但内部融资模式情形 2 的制造商 2 利润下降速度最快。在制造商 2 主导的权力结构下，三种融资模式制造商 2 利润相差不大，但相较于其他融资模式，混合融资模式下制造商 2 利润更高。总体而言，相较于制造商 1 主导的权力结构，制造商 2 主导的权力结构下制造商 2 利润普遍更低。

图 6-7（d）表明，任意权力结构和融资模式下，随着制造商 2 单位生产成本系数 *m* 值的增加，供应链整体利润呈不断下降的趋势。在制造商 1

主导的权力结构下，混合融资模式的供应链整体利润最高，内部融资模式情形 2 的供应链整体利润下降速度最快。在制造商 2 主导的权力结构下，三种融资模式供应链整体利润相差不大，混合融资模式的供应链整体利润最高。总体而言，相较于制造商 1 主导的权力结构，制造商 2 主导的权力结构供应链整体利润普遍更低。

图 6-7 表明，除了制造商 1 主导的权力结构下的混合融资模式和银行融资模式，其他权力结构和融资模式下，随着制造商 2 单位生产成本系数 m 值的增加，产品 2 生态创新水平、制造商 1 利润、制造商 2 利润和供应链整体利润呈不断下降的趋势，随着 m 值的增加，在权力结构选择中，制造商 1 主导的权力结构对供应链整体最优，但只有当 $m > 0.5$ 时才对制造商 1 有利，可此时会降低其他参与者的收益，尤其随着 m 值的增加，制造商 1 主导的权力结构下制造商 2 利润会逐渐低于制造商 1 利润。在融资模式选择中，当混合融资模式对供应链整体最优。

图 6-5 到图 6-7 表明，一方面，当制造商自有资金 $B = 1.5$ 时，两制造商选择混合融资模式进行融资最有利，但两制造商在权力结构选择上出现分歧，制造商 1 偏好制造商 2 主导的权力结构，制造商 2 则偏好制造商 1 主导的权力结构，而供应链整体偏好制造商 1 主导的权力结构。另一方面，消费者环保意识的提高对该供应链参与者都有利，制造商 2 一次性创新投资成本的提高对该供应链参与者都不利，而制造商 2 单位生产成本的提高在制造商 1 主导的权力结构下对制造商 1 有利，在制造商 2 主导的权力结构下对该供应链参与者都不利。这对我国政府如何调整生态创新产业权力结构提供了参考依据。

第六节
本章小结

科技创新对低碳经济具有基础性支撑作用。2013 年 11 月，习近平总书记在湖南考察时强调，要突破自身发展瓶颈、解决深层次矛盾和问题，根本出路就在于创新，关键要靠科技力量。本章通过构建不同权力结构下三种融资模式共六种情境下由制造商主导的 Stackelberg 博弈模型，数值模拟分析了制造商不同自有资金下的消费者环保意识系数 k、制造商 2 一次性创新投资成本系数 t 以及制造商 2 单位生产成本系数 m 对均衡状态下产品生态创新水平、制造商利润以及供应链整体利润的影响。得到如下结论：

(1) 对我国政府而言，我国政府需要为生态创新企业的生存和发展创造合适的先决条件。首先，银行要给予生态创新企业足够资金支持，尽可能让生态创新企业有足够资金进行创新投资，能让生态创新企业的资金充分利用。其次，应建立普通企业主导的市场环境，让生态创新企业能获得普通企业的定价信息从而更好地适应市场，而普通企业主导的市场环境还可以加剧市场竞争，提高生态创新产品的创新水平。最后，培育消费者环境保护意识，让生态创新产品得到市场认可。

(2) 对生态创新企业而言，当生态创新企业自有资金充足时，内部融资模式虽有融资成本低的优势但可能会闲置多余资金，而银行融资模式、混合融资模式虽然融资成本相对较高但是资金可充分利用。当生态创新企业自有资金不足时，内部融资模式缺乏资金而不投资生态创新，企业选择优于银行融资模式的混合融资模式。此外，在普通企业主导的权力结构下，生态创新企业单位生产成本的上升会降低生态创新企业利润，提高普通企业利润，而普通企业主导的权力结构对供应链整体最优。因此，生态创新企业对控制创新水平上升带来的单位生产成本上升也极为重要，或者将零售商纳入自身体系，考虑制售一体化来提升企业整体利润。

本章研究通过构建 Stackelberg 博弈模型研究了资金约束制造商在不同权力结构下的融资决策问题，分析了资金约束制造商在不同自有资金水平下的最优运营决策，这既是对现有理论的补充，也为政府调整生态创新行业结构提供了理论参考。基于本章的研究思路，未来可以从以下几方面做进一步拓展：可基于三级供应链视角分析企业生态创新投入与融资决策；考虑政府补贴下企业生态创新投入与融资决策；考虑社交网络环境下企业生态创新投入与融资决策。

中央政府项目补贴的供应链金融
决策模型构建

第一节
问题的提出

实施乡村振兴战略，是党的十九大作出的重大决策部署，是决胜全面建成小康社会、全面建设社会主义现代化国家的重大历史任务，是新时代"三农"工作的总抓手。2021年7月，农业农村部、国家发展改革委会同有关部门编写的《乡村振兴战略规划实施报告（2020年）》出版发布。该报告显示，乡村产业加快发展，2020年全国农产品加工营业收入达到23.2万亿元，农村网络零售额实现1.79亿元，全年农业生产托管服务面积超过16亿亩次，返乡入乡创业创新人员超过1000万，农村居民人均可支配收入达到17131元，农村新产业新业态蓬勃发展。此外，中央为推动乡村振兴战略进一步发展，2021年，中央财政还专门设立衔接推进乡村振兴补助资金，规模达1561亿元[①]。从以上一系列举措可以看出中央实施乡村振兴战略，实现人民共同富裕目标的决心。但部分地方政府受困于政绩冲动，出现不少短期行为，潜藏着财政、金融和社会风险（田先红，2022）。在此背景下，中央政府如何制定有效的项目补贴政策？地方政府、生产商（乡镇企业）、零售商（电商平台）如何应对中央政府补贴政策？普遍存在资金约束情况的乡镇企业如何借贷生产？这都将成为人们探究乡村振兴战略背景下，乡镇企业如何又快又好发展亟待解决的问题。

中国除了常规的财政体制分配渠道之外，还采用项目制，即根据中央政府的意图，自上而下以专项资金的形式进行资源配置的一种制度安排（渠敬东，2012）。这种制度安排促使中央政府、地方政府、企业和消费者参与到一项重大的国家战略中，实现了"集中力量办大事"的大国风采。与此同时，项目制也形成了一种游离于原有行政体制之外的"项目权力"。这种权力与原有的行政体系相配合，构成了更加强大的国家权力。这种"项

---

① 中央财政衔接推进乡村振兴补助资金安排1561亿元[EB/OL].中华人民共和国财政部网，[2021-03-10].https://www.mof.gov.cn/zhengwuxinxi/caizhengxinwen/202103/t20210310_3668337.htm.

目权力"一般由中央部委掌控,制定统一的项目补助标准,但地方政府的禀赋却各不相同。因此,在同一个国家战略中,地方政府所辖不同区域的战略实施效果差异很大(杨灿明,2000)。

"项目权力"的具体实施手段一般以项目补贴为主,而补贴作为政府对企业的常规影响手段之一,是政府根据政治或经济目的在一定时期向微观经济主体提供的无偿资金转移(余明桂等,2010)。已有研究探讨了政府补贴对企业产品创新的影响(赵凯、李磊,2024;Jia et al.,2021),但在政府创新补贴政策的实施效果方面,并未形成一致的结论(Hu et al.,2020;Wang et al.,2019)。一方面,政府补贴降低了企业的研发成本和风险,使企业的研发变得有利可图,进而刺激了企业更大的研发支出(白俊红,2011)。Tong 等(2022)以 2013~2018 年中国上市高新技术企业的数据为样本,从资源效应和信号传输效应两个角度分析政府补贴对高新技术企业创新的影响,结果表明政府补贴达到了刺激企业创新的目的。另一方面,政府替代市场竞争选择胜利者并加以扶持是危险的(李振洋、白雪洁,2024;Otchere et al.,2022)。Zhao 等(2018)发现,政府选择一些企业进行补贴并不是因为他们表现优异或竞争力强,政治关联可能在选择过程中起着重要作用,如果向那些非竞争性企业提供补贴,效率就会丧失,且对整个经济没有好处。实际上,各级政府都存在着"利他"和"自利"的双重动机。"利他"是为社会服务,为人民服务;"自利"是谋求单位利益、部门利益和个人利益(谢庆奎,1999)。因此,地方政府对区域市场及其所辖企业的影响作用不能忽视,中央政府为了保证财政补贴政策有效传导到地方企业,就要制定合理的地方政府政绩评价体系,保证地方政府利益的最大化。

此外,企业生产不仅受政府影响,还受自身资金约束影响,又由于企业不是孤立存在的,学者进一步提出供应链金融的概念(Gelsomino et al.,2016;Caniato et al.,2016;胡跃飞、黄少卿,2009)。近年来,以互联网为代表的信息科技的高速发展对现代金融模式产生了重大影响(Jo Black et al.,2001),诞生了一大批依托互联网成长起来的电商平台,如淘宝、美团、京东等。在此背景下,学术界对"互联网+"供应链金融展开热烈讨论,取得了一系列研究成果(Bertsch et al.,2020;Zhang et al.,2019)。农业供应链金融则是供应链金融在农业方面的应用,它缓解了乡镇企业的资金需求问题(姜东晖、王波,2020)。申云等(2019)基于农业供应链金融信贷减贫机制，探讨了增加无脱贫能力的贫困社员农户的财产性收益来达到减贫增收目的的路径合理性。郭捷和谷利月（2022）基于上市涉农企业2016~2018年的财务数据，发现涉农企业普遍面临融资约束问题，而农业供应链金融显著缓解了涉农企业的融资约束。综上所述，互联网、大数据和云服务等金融科技加持的农业供应链金融为中小型乡镇企业提供了资金支持，缓解了乡镇企业的融资约束问题，促进了农村、农业和农民的现代化发展，它将成为乡村振兴战略中不可或缺的一部分。

由此可知，乡村振兴背景下影响企业生产的因素受到了学术界和理论界的高度重视。已有研究为本章的研究奠定了很好的基础，但大多数研究是基于供应链分析框架进行探讨，没有考虑地方政府之间存在资源竞争和地方政府所辖企业之间存在市场竞争（王美今等，2010；贾俊雪、应世为，2016），并且未将政府细分为中央和地方两级政府，较少涉及将企业资金来源细分为政府补贴和借贷两种情形。相较于以往研究，本章创新地将地方政府引入传统的供应链管理框架，以微观经济主体间的完全信息动态博弈为基础，分析出中央政府项目补贴和消费者需求偏好对地方政府外部性行为的引导机制以及对乡镇企业产品生产、渠道销售、贷款模式选择的影响，以期明确中央政府项目补贴对乡村振兴战略实施的作用机制。

第二节
基本假设和参数设定

假设乡镇企业主要有生产普通产品和生产乡村振兴产品的两种策略选择。一部分乡镇企业（设为乡镇企业1）因为路径依赖依旧生产普通产品（设为产品1）。而另一部分乡镇企业（设为乡镇企业2）进行品种培优、品质提升、品牌打造，从而获得中央政府项目补贴，生产出乡村振兴产品（设为产品2）。故产品2的生产成本c_2高于产品1的生产成本c_1。

假设地方政府能对所辖的乡镇企业通过财政或者行政手段产生外部性影响，这种外部性影响不仅包含显性影响，还包含隐藏在"潜规则"中的隐性影响。由于隐性影响难以通过现实计量，本章设该变量为内生变量，由地方政府的目标收益最大化求得。

假设市场需求已知的情形下，乡镇企业可以选择传统零售和电商平台网络零售两种方式（见图7-1）。其中，传统零售方式选择直接出售产品，乡镇企业将乡村振兴产品以批发价 w_z 出售给消费者。银行向存在资金缺口的乡镇企业提供借贷。

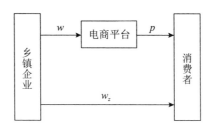

图7-1　双渠道供应链结构

在网络零售模式中，存在两个由电商平台和乡镇企业组成的二级供应链。其中，电商平台和乡镇企业之间通过批发价契约进行博弈，以实现利润最大化。地方政府则通过财政手段对乡镇企业产生外部性影响，以实现社会福利最大化。

此外，电商平台为存在融资约束的乡镇企业提供银行借贷、电商借贷两种融资模式。在银行借贷模式下，乡镇企业可以借助电商平台的信用向银行申请贷款用于生产。在商品售出后，资金回笼到银行封闭式账户内，银行抽取本金和利息后，电商平台和乡镇企业再分配利润。在电商借贷模式下，乡镇企业可以向电商平台自设的小贷公司提出贷款申请。电商平台会对乡镇企业信用做出评价，从而决定是否向其发放贷款。在商品售出后，电商平台会扣除乡镇企业借贷本金和利息后，将剩余部分归还给乡镇企业（于辉等，2017）。

本章在不改变问题本质的条件下，对一些复杂的条件加以简化，对模型作如下假设：

假设拥有乡镇企业1的地方政府（设为地方政府1）的所有市场参与者为追随者，拥有乡镇企业2的地方政府（设为地方政府2）的所有市场参与者为领导者。

假设地方政府的收益为所辖范围内乡镇企业收益与政府对乡镇企业外部

性影响收益之和。中央政府效用为社会总福利，设为地方政府收益与消费者效用以及银行贷款所得利息之和，再减去政府支付给乡镇企业的项目补贴。

假设乡镇企业 1 的产品为普通产品，没有获得补贴，生产成本 c_1，需求量 q_1；乡镇企业 2 为乡村振兴产品，获得补贴，生产成本 c_2，需求量 q_2。

假设电商平台一般为全国性的大平台，地方政府很难对其产生影响，为计算方便，本章假设这种外部性仅对乡镇企业的生产成本产生影响。设 s 为地方政府对乡镇企业的外部性影响系数，总的影响收益为 $sc_i q_i$。

假设中央政府审批乡村振兴项目的标准是其产品乡村振兴度。g_1 和 g_2 分别表示政府 1 和政府 2 的乡镇企业乡村振兴度。设中央政府对乡村振兴产品在成本上进行补贴，补贴率为 t，则政府对单位乡村振兴产品的成本补贴为 $tg_2 c_i$。一般来说，乡镇企业获得中央政府项目补贴能在市场上获得较高知名度，赢得消费者对其产品的偏好，因此，在定价模型时用 tg_2 表示这部分消费者产品偏好。

假设乡镇企业 2 为了提升产品乡村振兴度，需要进行产品创新，借鉴技术管理中经典的 AJ 模型（D'Aspremont and Jacquemin，1988），假设乡镇企业 2 付出的一次性研发成本为 $\frac{1}{2}g_2^2$。

假设市场上消费者偏好是异质的，有的消费者愿意对乡村振兴战略下的乡村振兴产品支付高价，有的消费者则对是不是乡村振兴战略下的乡村振兴产品不关心。用 h 表示消费者对乡村振兴产品的支持度。消费者每增加一个单位的支持度则表明消费者愿意支付一定的费用 k（k 为消费者振兴偏好支付系数）。

假设消费者对乡村振兴的支持度 h 服从均匀分布。即 $\theta \sim [\theta_1, \theta_2]$。$h_1$ 表示消费者购买乡镇企业 2 的产品和乡镇企业 1 产品没有差异。θ_2 表示消费者具有极高的乡村振兴支持度，极端倾向于购买乡镇企业 2 的产品。当 $p_1 + k(\theta - \theta_1) + tg_2 = p_2$ 时，θ 类型的消费者才愿意购买乡镇企业 2 的产品。即存在一个 θ_3，该类型的消费者对于购买乡村企业 2 的产品和乡村企业 1 的产品没有差异。参考文献（杨晓辉、游达明，2022），设 $\theta_1 = 0$，$\theta_2 = 1$。则：

$$\theta_3 = \frac{p_2 - p_1 - tg_2}{k} \tag{7-1}$$

假设购买乡镇企业 1 产品的消费者效用为：

$$U_1 = (U_0 - p_1) q_1 \tag{7-2}$$

购买乡镇企业 2 产品的消费者效用为：

$$U_2 = (U_0 - p_2 + k + tg_2) q_2 \tag{7-3}$$

借鉴 Cachon（2003）对经典报童模型的描述，假设市场容量为 1，乡镇企业 2 的产品需求量为 q_2，乡镇企业 1 的产品需求量为 $q_1 = 1 - q_2$，有：

$$q_2 = \int_{\theta_3}^{1} 1 dh = 1 - \frac{p_2 - p_1 - tg_2}{k} \tag{7-4}$$

为区分两种借贷方式下的参数，本章用下标 z 指代传统零售模式，下标 b 指代银行借贷模式，用下标 e 指代电商借贷模式，产品 1 指代普通产品，产品 2 指代乡村振兴产品。相关参数如表 7-1 所示。

表 7-1　相关参数

参数	定义
p	零售价
q	产品需求量
w	批发价
m	乡镇企业贷款期限
c	产品制造成本
s	地方政府对乡镇企业的外部性影响系数
t	中央政府确定的补贴率
g	产品的乡村振兴度
k	消费者环保意识系数
θ	消费者对乡村振兴产品的支持度
r_b	银行制定的贷款利率
r_e	链上资金充裕方的贷款利率

图 7-2 展示了供应链的运作流程。在（a）情形下，先求出消费者和乡镇企业间的产品价格和需求量的博弈均衡。确定产品价格和需求量后，在乡镇企业收益最大化的基础上确定最优乡村振兴度。最后，通过地方政府对最优乡村振兴度和产品市场情况的判断，在收益最大化基础上确定对乡镇企业最优的外部性系数，并将确定的最优外部性系数代回。

（b）情形相对于（a）情形，主要区别在于乡镇企业和消费者之间多了电商平台这个主体，从而将（a）情形中消费者和乡镇企业之间的博弈过程转化为（b）情形下消费者和电商平台之间、电商平台和乡镇企业之间的博弈过程。

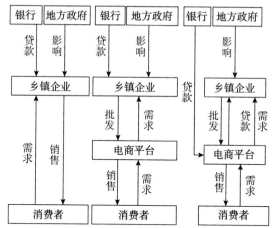

图 7-2 供应链的运作流程

(c)情形相对于(b)情形,主要区别是乡镇企业借贷对象的转移,这是因为现实中普遍存在乡镇企业向电商平台借贷的情况,通过进一步分析,本章发现了这种情况存在的合理性以及此类情况对乡村振兴战略推行的消极影响。

本章用逆向归纳法求解,从第三阶段或第四阶段开始,第一阶段结束,再从第一阶段往回代入最优值。

第三节
传统零售模式博弈模型及其均衡解

一、最优零售价决策模型

在该决策过程中,乡镇企业通过向银行贷款,进行产品生产,并实现利润最大化。

对于产品 1,乡镇企业 1 的利润函数为:

$$\pi_{1r}^{z}(w_{1z}) = (w_{1z} - c_1(1+r_b)^m)q_{1z} - c_1 q_{1z} s_{1z} \tag{7-5}$$

对于产品 2,乡镇企业 2 的利润函数为:

$$\pi_{2r}{}^{z}(w_{2z}) = w_{2z}q_{2}z - \left(\left(1-tg_{2z}\right)c_{2}q_{2z} + \frac{1}{2}g_{2z}{}^{2}\right)\left(1+r_{b}\right)^{m} - c_{2}q_{2z}s_{2z} \tag{7-6}$$

将 q_{1z} 和 q_{2z} 分别代入 $\pi_{1r}{}^{z}(w_{1z})$ 和 $\pi_{2r}{}^{z}(w_{2z})$，再分别求 p_{1z} 和 p_{2z} 的一阶导数，得 $w_{1z}{}^{*}$ 和 $w_{2z}{}^{*}$。

$$w_{1z}{}^{*} = \frac{w_{2z}{}^{*} - g_{2z}t + c_{1}\left(\left(1+r_{b}\right)^{m} + s_{1z}\right)}{2} \tag{7-7}$$

$$w_{2z}{}^{*} = \frac{2k + c_{1}s_{1z} + c_{2}s_{2z} + g_{2z}t + \left(c_{1}+c_{2}\left(1-g_{2z}t\right)\right)\left(1+r_{b}\right)^{m}}{2} \tag{7-8}$$

再将 $w_{1z}{}^{*}$ 和 $w_{2z}{}^{*}$ 代入式 (7-4) 得到 $q_{1z}{}^{*}$ 和 $q_{2z}{}^{*}$。

二、最优产品振兴度决策模型

在该决策过程中，乡镇企业 2 为了抢占市场，实现自身收益的最大化，从而确定最优的产品振兴度。

对于产品 2，乡镇企业 2 的利润函数为：

$$\pi_{2r}{}^{z}(w_{2z}) = w_{2z}q_{2z} - \left(\left(1-tg_{2z}\right)c_{2}q_{2z} + \frac{1}{2}g_{2z}{}^{2}\right)\left(1+r_{b}\right)^{m} - c_{2}q_{2z}s_{2z} \tag{7-9}$$

将 $q_{1z}{}^{*}$ 和 $q_{2z}{}^{*}$、$w_{1z}{}^{*}$ 和 $w_{2z}{}^{*}$ 代入 $\pi_{2r}{}^{z}(g_{2z})$，求 g_{2z} 的一阶导数，得 $g_{2z}{}^{*}$。

$$g_{2z}{}^{*} = -\frac{t\left(c_{2}\left(r_{b}+1\right)^{m}+1\right)\begin{pmatrix}2k+c_{1}s_{1z}-c_{2}s_{2z}+\\c_{1}\left(r_{b}+1\right)^{m}-c_{2}\left(r_{b}+1\right)^{m}\end{pmatrix}}{t^{2}-4k\left(r_{b}+1\right)^{m}+2c_{2}t^{2}\left(r_{b}+1\right)^{m}+c_{2}^{2}t^{2}\left(r_{b}+1\right)^{2m}} \tag{7-10}$$

三、最优外部影响性系数决策模型

在该决策中，地方政府对乡镇企业通过税收等财政手段对所辖企业产生外部性影响，实现地方政府收益最大化。现实中，购买产品的消费者来自全国区域，地方政府无法统计消费者效用大小，地方政府一般只关注所辖企业的效益。因此，本节假设在所有模式下，地方政府做决策时，只关注所辖企业的收益大小，而不会把消费者效用作为自身决策依据。

对于产品 1，政府 1 的利润函数为：

$$\pi_{1G}{}^{z}(s_{1z}) = \pi_{1r}{}^{z} + c_{1}q_{1z}s_{1z} \tag{7-11}$$

对于产品 2，政府 2 的利润函数为：

$$\pi_{2G}{}^z(s_{2z}) = \pi_{2r}{}^z + c_2 q_{2z} s_{2z} \tag{7-12}$$

将 $q_{1z}{}^*$ 和 $q_{2z}{}^*$、$w_{1z}{}^*$ 和 $w_{2z}{}^*$、$g_{2z}{}^*$ 代入 $\pi_{1g}{}^z(s_{1z})$、$\pi_{2G}{}^z(s_{2z})$，再分别求 s_{2z} 和 s_{1z} 的一阶导数，得 $s_{1z}{}^*$ 和 $s_{2z}{}^*$：

$$s_{1z}{}^* = -\frac{\begin{pmatrix} t^2 - 2k(r_b+1)^m + 2c_2 t^2 (r_b+1)^m + \\ c_2^2 t^2 (r_b+1)^{2m} \end{pmatrix} \begin{pmatrix} c_1(r_b+1)^{2m} - 2k(r_b+1)^m - c_2(r_b+1)^{2m} + \\ t^2 + 2c_2 t^2 (r_b+1)^m - \\ c_2 s_{2z}{}^* (r_b+1)^m + c_2^2 t^2 (r_b+1)^{2m} \end{pmatrix}}{2c_1(r_b+1)^m \begin{pmatrix} t^2 - 3k(r_b+1)^m + \\ 2c_2 t^2 (r_b+1)^m + c_2^2 t^2 (r_b+1)^{2m} \end{pmatrix}} \tag{7-13}$$

$$s_{2z}{}^* = -\frac{\begin{pmatrix} t^2 - 2k(r_b+1)^m + 2c_2 t^2 (r_b+1)^m + \\ c_2^2 t^2 (r_b+1)^{2m} \end{pmatrix} \begin{pmatrix} c_2(r_b+1)^{2m} - c_1(r_b+1)^{2m} - 4k(r_b+1)^m + \\ t^2 + 2c_2 t^2 (r_b+1)^m + c_2^2 t^2 (r_b+1)^{2m} \end{pmatrix}}{c_2(r_b+1)^m \begin{pmatrix} 3t^2 - 8k(r_b+1)^m + 6c_2 t^2 (r_b+1)^m + \\ 3c_2^2 t^2 (r_b+1)^{2m} \end{pmatrix}} \tag{7-14}$$

再将得出的 $s_{1z}{}^*$ 和 $s_{2z}{}^*$ 代回 $q_{1z}{}^*$ 和 $q_{2z}{}^*$、$w_{1z}{}^*$ 和 $w_{2z}{}^*$、$g_{2z}{}^*$ 中，得出在传统零售模式下，两方参与的三阶段最优 Stackelberg 博弈均衡。

第四节
银行借贷模式博弈模型及其均衡解

一、最优零售价决策模型

银行借贷模式下，供应链中各节点企业以利润最大为目标，乡镇企业

向银行借贷以满足其资金需求，电商平台的收入为 $p_b q_b$，其订货成本为
$w_b q_b$。

对于产品 1，电商平台 1 的利润函数为：

$$\pi_{1e}{}^b (p_{1b}) = (p_{1b} - w_{1b}) q_{1b} \tag{7-15}$$

对于产品 2，电商平台 2 的利润函数为：

$$\pi_{2e}{}^b (p_{2b}) = (p_{2b} - w_{2b}) q_{2b} \tag{7-16}$$

对 $\pi_{1e}{}^b (p_{1b})$ 和 $\pi_{2e}{}^b (p_{2b})$ 分别求 p_{1b} 和 p_{2b} 的一阶导数，得 $p_{1b}{}^*$ 和 $p_{2b}{}^*$：

$$p_{1b}{}^* = \frac{p_{2b}{}^* + w_{1b} - g_{2b} t}{2} \tag{7-17}$$

$$p_{2b}{}^* = \frac{w_{1b} + w_{2b} + 2k + g_{2b} t}{2} \tag{7-18}$$

将 $p_{1b}{}^*$ 和 $p_{2b}{}^*$ 代入式 (7-4) 得到 $q_{1b}{}^*$ 和 $q_{2b}{}^*$。

二、最优批发价决策模型

在该决策过程中，乡镇企业由于自身资金限制，通过电商平台作为核心企业提供信用向银行贷款。

对于产品 1，乡镇企业 1 的利润函数为：

$$\pi_{1r}{}^b (w_{1b}) = (w_{1b} - c_1 (1 + r_b)^m) q_{1b} - c_1 q_{1b} s_{1b} \tag{7-19}$$

对于产品 2，乡镇企业 2 的利润函数为：

$$\pi_{2r}{}^b (w_{2b}) = w_{2b} q_{2b} - ((1 - t g_{2b}) c_2 q_{2b} + \frac{1}{2} g_{2b}{}^2)(1 + r_b)^m - c_2 q_{2b} s_{2b} \tag{7-20}$$

将 $p_{1b}{}^*$ 和 $p_{2b}{}^*$、$q_{1b}{}^*$ 和 $q_{2b}{}^*$ 分别代入 $\pi_{1r}{}^b (w_{1b})$ 和 $\pi_{2r}{}^b (w_{2b})$，再分别求 w_{1b} 和 w_{2b} 的一阶导数，得：

$$w_{1b}{}^* = \frac{2k + w_{2b}{}^* - g_{2b} t + c_1 ((r_b + 1)^m + s_{1b})}{2} \tag{7-21}$$

$$w_{2b}{}^* = \frac{g_{2b} t + 6k + c_1 (s_{1b} + (r_b + 1)^m) + c_2 (s_{2b} + (r_b + 1)^m - g_{2b} t (r_b + 1)^m)}{2} \tag{7-22}$$

三、最优产品振兴度决策模型

在该决策过程中，乡镇企业 2 为了抢占市场，实现自身收益的最大化，

从而确定最优的产品振兴度。

对于产品 2，乡镇企业 2 的利润函数为：

$$\pi_{2r}{}^b(g_{2b}) = w_{2b}q_{2b} - \left((1-tg_{2b})c_2q_{2b} + \frac{1}{2}g_{2b}^2\right)(1+r_b)^m - c_2q_{2b}s_{2b} \qquad (7\text{-}23)$$

将 $p_{1b}{}^*$ 和 $p_{2b}{}^*$、$q_{1b}{}^*$ 和 $q_{2b}{}^*$、$w_{1b}{}^*$ 和 $w_{2b}{}^*$ 代入 $\pi_{2r}{}^b(w_{2b})$，求 g_{2b} 的一阶导数，得 $g_{2b}{}^*$：

$$g_{2b}{}^* = -\frac{t(c_2(r_b+1)^m+1)\begin{pmatrix} 6k + c_1s_{1b} - c_2s_{2b} + \\ c_1(r_b+1)^m - c_2(r_b+1)^m \end{pmatrix}}{t^2 - 16k(r_b+1)^m + 2c_2t^2(r_b+1)^m + c_2^2t^2(r_b+1)^{2m}} \qquad (7\text{-}24)$$

四、最优外部影响性系数决策模型

在该决策中，地方政府对乡镇企业采取征税等财政手段，对所辖企业产生外部性影响，实现自身收益最大化。

对于产品 1，政府 1 的利润函数为：

$$\pi_{1G}{}^b(s_{1b}) = \pi_{1e}{}^b + \pi_{1r}{}^b + c_1q_{1b}s_{1b} \qquad (7\text{-}25)$$

对于产品 2，政府 2 的利润函数为：

$$\pi_{2G}{}^b(s_{2b}) = \pi_{2e}{}^b + \pi_{2r}{}^b + c_2q_{2b}s_{2b} \qquad (7\text{-}26)$$

将 $p_{1b}{}^*$ 和 $p_{2b}{}^*$、$q_{1b}{}^*$ 和 $q_{2b}{}^*$、$w_{1b}{}^*$ 和 $w_{2b}{}^*$、$g_{2b}{}^*$ 分别代入 $\pi_{1G}{}^b(s_{1b})$、$\pi_{2G}{}^b(s_{2b})$，再分别求 s_{1b} 和 s_{2b} 的一阶导数，得：

$$s_{1b}{}^* = -\frac{\begin{pmatrix} t^2 - 6k(r_b+1)^m + 2c_2t^2(r_b+1)^m + \\ c_2^2t^2(r_b+1)^{2m} \end{pmatrix}\begin{pmatrix} c_1(r_b+1)^{2m} - 10k(r_b+1)^m - c_2(r_b+1)^{2m} + \\ t^2 + 2c_2t^2(r_b+1)^m - c_2s_{2b}{}^*(r_b+1)^m + \\ c_2^2t^2(r_b+1)^{2m} \end{pmatrix}}{2c_1(r_b+1)^m\begin{pmatrix} t^2 - 11k(r_b+1)^m + 2c_2t^2(r_b+1)^m + \\ c_2^2t^2(r_b+1)^{2m} \end{pmatrix}} \qquad (7\text{-}27)$$

$$
s_{2b}^* = -\frac{\binom{c_2(r_b+1)^{2m} - c_1(r_b+1)^{2m} - 12k(r_b+1)^m +}{t^2 + 2c_2 t^2 (r_b+1)^m + c_2^2 t^2 (r_b+1)^{2m}}}{\binom{t^2 - 2k(r_b+1)^m + 2c_2 t^2 (r_b+1)^m +}{c_2^2 t^2 (r_b+1)^{2m}}}{3c_2(r_b+1)^m \binom{t^2 - 8k(r_b+1)^m + 2c_2 t^2 (r_b+1)^m +}{c_2^2 t^2 (r_b+1)^{2m}}} \tag{7-28}
$$

再将得出的 s_{1b}^* 和 s_{2b}^* 代回 p_{1b}^* 和 p_{2b}^*、q_{1b}^* 和 q_{2b}^*、w_{1b}^* 和 w_{2b}^*、g_{2b}^* 中，得出在银行借贷模式下，三方参与的四阶段 Stackelberg 博弈最优均衡。

第五节
电商借贷模式博弈模型及其均衡解

一、最优零售价决策模型

当乡镇企业向电商平台自设的小贷公司贷款时，设电商小贷公司资金的成本为 r_b。因此电商平台的收益函数可以表示为：

对于产品 1，电商平台 1 的利润函数为：

$$
\pi_{1e}^e(p_{1e}) = (p_{1e} - w_{1e} + c_1((1+r_e)^m - (1+r_b)^m))q_{1e} \tag{7-29}
$$

对于产品 2，电商平台 2 的利润函数为：

$$
\pi_{2e}^e(p_{2e}) = (p_{2e} - w_{2e})q_{2e} + ((1-tg_{2e})c_2 q_{2e} + \frac{1}{2}g_{2e}^2)((1+r_e)^m - (1+r_b)^m) \tag{7-30}
$$

对 $\pi_{1e}^b(p_{1b})$ 和 $\pi_{2e}^b(p_{2b})$ 分别求 p_{1e}、p_{2e} 的一阶导数，得：

$$
p_{1e}^* = \frac{p_{2e}^* + w_{1e} - g_{2e}t + c_1((r_b+1)^m - (r_e+1)^m)}{2} \tag{7-31}
$$

$$p_{2e}{}^* = \cfrac{\begin{matrix}w_{1e}+g_{2e}t+c_1\left(\left(r_b+1\right)^m-\left(r_e+1\right)^m\right)+w_{2e}+\\ c_2(1-g_{2e}t)\left(\left(r_b+1\right)^m-\left(r_e+1\right)^m\right)+2k\end{matrix}}{2} \tag{7-32}$$

将 $p_{1e}{}^*$ 和 $p_{2e}{}^*$ 代入式(7-4)得到 $q_{1e}{}^*$ 和 $q_{2e}{}^*$。

二、最优批发价决策模型

对于产品1，乡镇企业1的利润函数为：

$$\pi_{1r}{}^e(w_{1e})=\left(w_{1e}-c_1\left(1+r_e\right)^m\right)q_{1e}-c_1q_{1e}s_{1e} \tag{7-33}$$

对于产品2，乡镇企业2的利润函数为：

$$\pi_{2r}{}^e(w_{2e})=w_{2e}q_{2e}-\left(\left(1-tg_{2e}\right)c_2q_{2e}+\frac{1}{2}g_{2e}{}^2\right)\left(1+r_e\right)^m-c_2q_{2e}s_{2e} \tag{7-34}$$

将 $p_{1e}{}^*$ 和 $p_{2e}{}^*$、$q_{1e}{}^*$ 和 $q_{2e}{}^*$ 代入 $\pi_{1r}{}^e(w_{1e})$、$\pi_{2r}{}^e(w_{2e})$ 中，再分别求 w_{1e} 和 w_{2e} 的一阶导数，得：

$$w_{1e}{}^*=\cfrac{\begin{matrix}2k+w_{2e}{}^*-g_{2e}t+\\ c_1\left(s_{1e}-\left(r_b+1\right)^m+2\left(r_e+1\right)^m\right)+\\ c_2\left(\left(1-g_{2e}t\right)\right)\left(\left(r_b+1\right)^m-\left(r_e+1\right)^m\right)\end{matrix}}{2} \tag{7-35}$$

$$w_{2e}{}^*=\cfrac{\begin{matrix}6k+g_{2e}t+c_1\left(s_{1e}+\left(r_b+1\right)^m\right)+\\ c_2(1-g_{2e}t)\left(s_{2e}-\left(r_b+1\right)^m+2\left(r_e+1\right)^m\right)\end{matrix}}{2} \tag{7-36}$$

三、最优产品振兴度决策模型

在该决策过程中，乡镇企业2为了实现自身效用最大化，对自身产品振兴度进行最优化求解。

对于产品2，乡镇企业2的利润函数为：

$$\pi_{2r}{}^e(g_{2e})=w_{2e}q_{2e}-\left((1-tg_{2e})c_2q_{2e}+\frac{1}{2}g_{2e}{}^2\right)\left(1+r_e\right)^m-c_2q_{2e}s_{2e} \tag{7-37}$$

将 $p_{1e}{}^*$ 和 $p_{2e}{}^*$、$q_{1e}{}^*$ 和 $q_{2e}{}^*$、$w_{1e}{}^*$ 和 $w_{2e}{}^*$ 代入 $\pi_{2r}{}^e(w_{2e})$，求 g_{2e} 的一阶导数，得：

$$g_{2e}^{*} = -\frac{t(c_2(r_b+1)^m+1)\begin{pmatrix}6k+c_1s_{1e}-c_2s_{2e}+\\c_1(r_b+1)^m-c_2(r_b+1)^m\end{pmatrix}}{t^2-16k(r_e+1)^m+2c_2t^2(r_b+1)^m+}$$
$$c_2^2t^2(r_b+1)^{2m}$$
(7-38)

四、最优外部影响性系数决策模型

在该决策中，地方政府对乡镇企业采取征税等财政手段，对所辖企业产生外部性影响，实现自身收益最大化。

对于产品1，政府1的利润函数为：

$$\pi_{1G}^{e}(s_{1e}) = \pi_{1e}^{e}+\pi_{1r}^{e}+c_1q_{1e}s_{1e}$$
(7-39)

对于产品2，政府2的利润函数为：

$$\pi_{2G}^{e}(s_{2e}) = \pi_{2e}^{e}+\pi_{2r}^{e}+c_2q_{2e}s_{2e}$$
(7-40)

将 p_{1e}^{*} 和 p_{2e}^{*}、q_{1e} 和 q_{2e}^{*}、w_{1e}^{*} 和 w_{2e}^{*}、g_{2e}^{*} 代入 $\pi_{1G}^{e}(s_{1e})$ 和 π_{2G}^{e} (s_{2e}) 中，两者对 s_{1e} 和 s_{2e} 最优化求导，得：

$$s_{1e}^{*} = -\frac{\begin{pmatrix}t^2-6k(r_e+1)^m+\\2c_2t^2(r_b+1)^m+\\c_2^2t^2(r_b+1)^{2m}\end{pmatrix}\begin{pmatrix}t^2-10k(r_e+1)^m+2c_2t^2(r_b+1)^m-\\c_2s_{2e}^{*}(r_e+1)^m+c_2^2t^2(r_b+1)^{2m}+\\c_1(r_b+1)^m(r_e+1)^m-\\c_2(r_b+1)^m(r_e+1)^m\end{pmatrix}}{2c_1(r_e+1)^m\begin{pmatrix}t^2-11k(r_e+1)^m+2c_2t^2(r_b+1)^m+\\c_2^2t^2(r_b+1)^{2m}\end{pmatrix}}$$
(7-41)

$$s_{2e}{}^* = -\frac{\begin{pmatrix} t^2-12k\ (r_e+1)^m+2c_2t^2(r_b+1)^m+ \\ c_2{}^2t^2(r_b+1)^{2m}-c_1(r_b+1)^m\ (r_e+1)^m+ \\ c_2(r_b+1)^m\ (r_e+1)^m \end{pmatrix}\begin{pmatrix} 2k\ (r_e+1)^{2m}+t^2(r_b+1)^m- \\ 2t^2\ (r_e+1)^m+2c_2t^2(r_b+1)^{2m}+ \\ c_2{}^2t^2(r_b+1)^{3m}- \\ 2c_2{}^2t^2(r_b+1)^{2m}(r_e+1)^m- \\ 4c_2t^2(r_b+1)^m\ (r_e+1)^m \end{pmatrix}}{c_2\ (r_e+1)^m\begin{pmatrix} 24k\ (r_e+1)^{2m}+t^2(r_b+1)^m- \\ 4t^2\ (r_e+1)^m+2c_2t^2(r_b+1)^{2m}+ \\ c_2{}^2t^2(r_b+1)^{3m}- \\ 4c_2{}^2t^2(r_b+1)^{2m}(r_e+1)^m- \\ 8c_2t^2(r_b+1)^m\ (r_e+1)^m \end{pmatrix}} \tag{7-42}$$

再将得出的 $s_{1e}{}^*$ 和 $s_{2e}{}^*$ 代回 $p_{1e}{}^*$ 和 $p_{2e}{}^*$、$q_{1e}{}^*$ 和 $q_{2e}{}^*$、$w_{1e}{}^*$ 和 $w_{2e}{}^*$、$g_{2e}{}^*$ 中，得出在电商借贷模式下，三方参与的四阶段 Stackelberg 最优博弈均衡。

第六节
数值模拟及仿真分析

考虑到所列式子的复杂性，采用 Matlab 软件作为计算工具对各个公式求解。针对消费者振兴偏好支付系数 k、中央政府确定的补贴率 t、电商平台制定的贷款利率 r_e 和乡镇企业贷款期限 m 的变化及带来的影响进行数值分析，以期得到有利结论，从而为政府相关部门的决策提供参考。

虽然地方政府不会将消费者效用作为决策依据，但是中央政府会将消费者效用作为评比地方政府官员升迁的依据(陈超等，2011)。因此在评定地方政府的社会总福利上，应在利润函数的基础上加上消费者效用。中央政府效用则是社会总福利，将其设为不同模式下相同产品的地方政府总福利相加之和，再加银行贷款所得利息减去所支付的项目补贴。这是为了方便看出不同产品的社会总福利的变化趋势。

一、消费者振兴偏好的影响分析

通过 Matlab 模拟演算，发现传统零售模式和银行借贷模式在消费者振兴偏好支付系数 k 值、中央政府确定的补贴率 t 变化时，两者产品的价格、需求量、企业收益和政府福利都有比较显著的区别，这说明 k 值、t 值是乡镇企业渠道选择的外在决策因素。本章固定其他参数值，观测 k 值、t 值变化时，整个供应链变化情况。

中国人民银行授权全国银行间同业拆借中心公布，2022 年 8 月 22 日贷款市场报价利率（LPR）为：1 年期 LPR 为 3.65%[①]，因此本章设银行贷款利率为 3.65%，即 $r_b = 0.0365$。乡镇企业生产周转贷款一般为 1 年以内（孙建林，2003），故本章设借款年限 $m = 1$。参考朱庆华和窦一杰（2011）对企业生产成本的描述，设产品 1 成本 $c_1 = 2$，产品 2 成本 $c_2 = 3$。本章借鉴杨晓辉和游达明（2022）对消费者效用函数模型的算法，故设消费者基础效用为产品 1 成本的两倍，即 $U_0 = 4$。

综上所述，设各参数值取值为 $r_b = 0.0365$，$c_1 = 2$，$c_2 = 3$，$m = 1$，$U_0 = 4$。令 $k = [0.5, 3]$。

图 7-3 表明，随着消费者振兴偏好支付系数 k 值的增加，两种渠道模式下的产品批发价 w 值均呈不断上升的趋势。网络零售模式[②]的批发价高于传统零售模式批发价，并且产品批发价随着中央政府补贴率 t 值的增加而减少。这说明消费者对乡村振兴的支持度可以正向影响两类产品的价格。但是消费者对乡村振兴的支持度对两者产品价格的影响机理有所不同，消费者对乡村振兴产品支持度的提升增加了消费者购买乡村振兴产品

---

① 2022 年 8 月 22 日全国银行间同业拆借中心受权公布贷款市场报价利率（LPR）公告［EB/OL］. 中国人民银行网，［2022－08－22］. http://www.pbc.gov.cn/zhengcehuobisi/125207/125213/125440/3876551/4637027/index.html.

② 网络零售模式包括银行借贷模式 b 和电商借贷模式 e。由于传统零售模式中没有电商借贷，这里只比较传统零售模式和银行借贷模式，因此对应图中使用下标"b"来表示网络零售模式，之后余同。

的效用，进而提高了产品 2 的售价。而产品 2 的售价提升，存在价格溢出效应，也会促进产品 1 的售价。事实上，电商平台的参与会赋能乡镇企业（通过宣传产品、收集信息、处理数据等方面），进一步提高产品的乡村振兴度和价格，增加消费者效用。

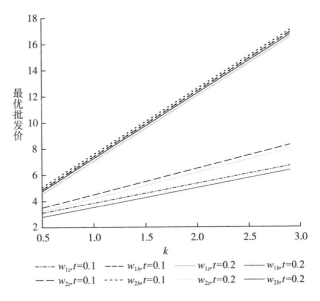

图 7-3　k 变化对批发价的影响

图 7-4 表明，随着消费者振兴偏好支付系数 k 值的增加，两种渠道模式下，产品 1 的需求量 q 值呈不断下降趋势，产品 2 的需求量均呈不断上升的趋势。传统零售模式下的产品 1 的需求量下降速度高于网络零售模式下产品 1 的需求量的下降速度。网络零售模式下的产品 2 的需求量总是高于传统零售模式下产品 2 的需求量，产品 2 的需求量随着中央政府补贴率 t 值的增加而增加。这说明电商平台的参与能有效提高产品 2 的销售量。

图 7-5 表明，随着消费者振兴偏好支付系数 k 值的增加，两种渠道模式下的地方政府对乡镇企业外部性影响系数 s 值均呈不断上升的趋势。网络零售模式下的外部性影响系数 s 值总是高于传统零售模式的 s 值。产品 2 外部性影响系数 s 值的大小总是小于产品 1 的 s 值大小，s 值随着中央政府补贴率 t 值的增加而减少。

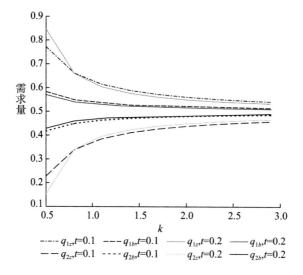

图 7-4 k 变化对需求量的影响

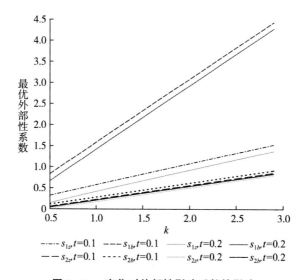

图 7-5 k 变化对外部性影响系数的影响

图 7-6 表明，随着消费者振兴偏好支付系数 k 值的增加，两种渠道模式下，乡镇企业 2 产品的乡村振兴度 g 值呈不断上升的趋势，且趋近一致。传统零售模式下的产品 2 的 g 值总是低于网络零售模式下的产品 2 的 g 值。中央政府补贴率 t 值的增加能显著增大产品的乡村振兴度，即中央政府的项目补贴政策是有效的。

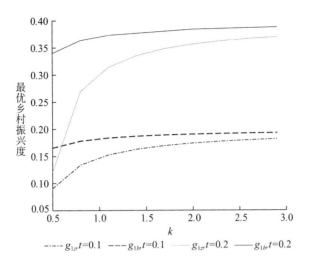

图 7-6 k 变化对产品 2 乡村振兴度的影响

图 7-7 表明，随着消费者振兴偏好支付系数 k 值的增加，两种渠道模式下的乡镇企业收益均呈不断上升的趋势。网络零售模式下的乡镇企业收益总是高于传统零售模式的乡镇企业收益。在网络零售模式下，两乡镇企业收益曲线交点 k 值为 0.5；在传统零售模式下，两乡镇企业收益曲线交点 k 值为 1.5。中央政府补贴率 t 值对乡镇企业收益的影响不显著。

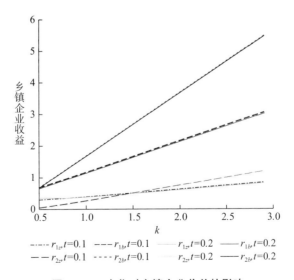

图 7-7 k 变化对乡镇企业收益的影响

图 7-8 表明，随着消费者振兴偏好支付系数 k 值的增加，两种渠道模式下，地方政府 2 的社会总福利呈不断上升的趋势，地方政府 1 的社会总福利呈不断下降的趋势。对地方政府 1 而言，传统零售模式下的社会总福利总是高于网络零售模式下的社会总福利；对地方政府 2 而言，传统零售模式下的社会总福利总是低于网络零售模式下的社会总福利。当中央政府补贴率 t 值为 0.1 时，在网络零售模式下，两地方政府社会总福利曲线的交点 k 值为 1.3；在传统零售模式下，两地方政府社会总福利曲线交点 k 值为 1.7。地方政府 2 的社会总福利随着中央政府补贴率 t 值的增加而增加，并且 t 值的增加能使两地方政府社会总福利曲线交点 k 值提前。

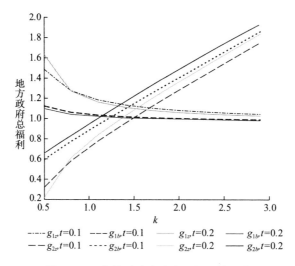

图 7-8　k 变化对地方政府总福利的影响

图 7-9 表明，随着消费者振兴偏好支付系数 k 值的增加，中央政府 2 的社会总福利呈不断上升的趋势，中央政府 1 的社会总福利呈不断下降的趋势。中央政府 2 社会总福利上升的速度大于中央政府 1 社会总福利下降的速度。中央政府 1 的社会总福利随着中央政府补贴率 t 值的增加而下降。

由图 7-3 至图 7-7 可知，相对于传统零售模式，网络零售模式通过电商平台的参与，可以提高产品 2 的乡村振兴度 g 值，从而实现消费升级，提高产品的批发价 w 值和需求量 q 值，从而提高乡镇企业的收益和消费者

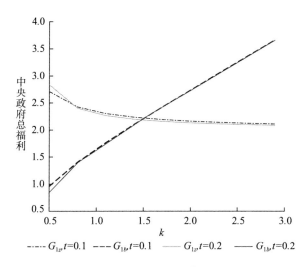

图7-9 *k* 变化对中央政府社会总福利的影响

的效用。因此，随着消费者振兴偏好支付系数 *k* 值的增加，乡镇企业将选择网络零售模式进行产品销售。

由图7-7至图7-9可知，在传统零售模式下，当消费者振兴偏好支付系数 *k* 值低于1.5时，乡镇企业不进行产品创新和地方政府选择更高的外部性影响系数，从而使中央政府的项目补贴政策传导机制受阻。当消费者振兴偏好支付系数 *k* 值在区间[1.5，1.7]时，乡镇企业有进行产品创新获取补贴的动力，但地方政府却选择更高的外部性影响系数，乡镇企业和地方政府间产生矛盾。当消费者振兴偏好支付系数 *k* 值大于1.7时，乡镇企业进行产品创新和地方政府选择更低的外部性影响系数，共同推动乡村振兴战略发展。在网络零售模式下，当消费者振兴偏好支付系数 *k* 值低于0.5时，乡镇企业不进行产品创新和地方政府选择更高的外部性影响系数，从而使中央政府的项目补贴政策传导机制受阻。当消费者振兴偏好支付系数 *k* 值在区间[0.5，1.3]时，乡镇企业有进行产品创新获取补贴的动力，但地方政府却选择更高的外部性影响系数，乡镇企业和地方政府间产生矛盾。而消费者振兴偏好支付系数 *k* 值大于1.3时，乡镇企业进行产品创新和地方政府选择更低的外部性影响系数，共同推动乡村振兴战略发展。以上说明网络零售模式能推动乡村振兴战略更快发展。

事实上，在乡村振兴战略提出的早期，乡镇企业生产普通产品和地方政府"竭泽而渔"的行为较为突出，此类情况是符合"理性人"假设的。而随着国家大力宣传乡村振兴，尤其在"习近平总书记直播带货"这一标志性事件后，民众大力支持乡村振兴战略的实施，乡镇企业生产普通产品和地方政府"竭泽而渔"的行为显著减少，并且有不少贫困地区的乡镇企业从乡村振兴战略中获益，从而积极主动地选择生产乡村振兴产品，引致地方政府降低外部性影响，减少企业生产成本。对于中央政府而言，乡村振兴战略的实施虽然在短期内由于项目补贴而使自身收益受损，但是从长期来看，随着民众大力支持乡村振兴战略，它最终会增加社会总福利，实现社会经济发展转型。

二、电商平台制定贷款利率的影响分析

"消费者振兴偏好支付系数 k 变化的影响比较分析"部分已经证明乡镇企业会选择网络零售模式进行产品销售是整个供应链的最优决策，于是自然而然引入下个问题，乡镇企业会选择何种贷款模式？通过 Matlab 运算，可以发现不同贷款模式下，相同产品之间的乡镇企业、电商平台、地方政府、中央政府的期望收益的差异与消费者振兴偏好支付系数 k 值无关，而与电商平台贷款利率 r_e 有关。这说明，对于乡镇企业贷款模式的选择，电商平台制定的贷款利率 r_e 才是乡镇企业决策的核心变量。同时，通过运算发现，银行制定的贷款利率 r_b 的增加会水平降低乡镇企业 2、电商平台 2、地方政府 2、中央政府 2 的期望收益。在实际情况中，由于银行是对乡村振兴产品进行贷款，一般中央政府会要求银行制定的贷款利率要尽可能低和稳定，于是本节只考虑银行制定的贷款利率 r_b 恒定的情况。与"消费者振兴偏好支付系数 k 变化的影响比较分析"部分相同，各参数取值为 $r_b = 0.0365$，$c_1 = 2$，$c_2 = 3$，$m = 1$，$U_0 = 4$，$k = 2$。令 $r_e = [0.0365, 0.3]$。

图 7-10 至图 7-12 表明，相对于银行借贷模式，在电商借贷模式下，随着电商平台制定的贷款利率 r_e 值的增加，两类产品的零售价和批发价以及产品 1 的需求量都呈不断上升的趋势（产品 2 需求量呈下降趋势），上升的边际倾向随着中央政府补贴率 t 值的增加而显著；其中，产品批发价的上升趋势最为明显。这说明，虽然电商平台提高制定的贷款利率 r_e 值，但

乡镇企业将通过提高产品批发价来保证自己的收益。而电商平台因为产品市场的竞争约束，无法大幅度地提高产品零售价。但是，随着乡镇企业批发价不断上升，电商平台最终会提高零售价，因为此类价格上涨不是产品创新推动的，最终电商平台 2 将损失一部分产品市场份额。

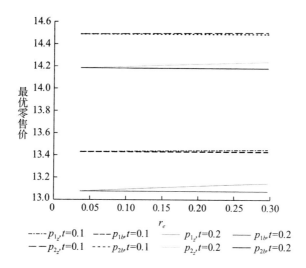

图 7-10 r_e 变化对零售价的影响

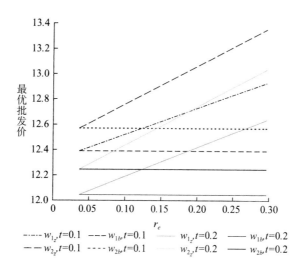

图 7-11 r_e 变化对批发价的影响

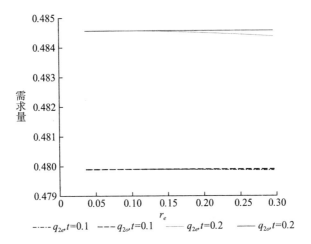

图 7-12 r_e 变化对产品 2 需求量的影响

图 7-13 表明，相对于银行借贷模式，在电商借贷模式下，随着电商平台制定的贷款利率 r_e 值的增加，产品 2 的乡村振兴度呈不断下降的趋势，下降的边际倾向随着中央政府补贴率 t 值的增加而增大。

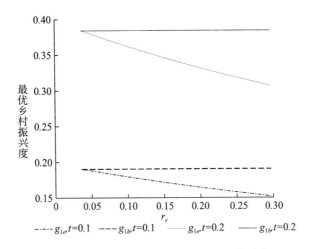

图 7-13 r_e 变化对产品 2 乡村振兴度的影响

图 7-14 至图 7-15 表明，相对于银行借贷模式，在电商借贷模式下，随着电商平台制定的贷款利率 r_e 值的增加，两地方政府对乡镇企业的外部性影响系数呈不断上升的趋势，地方政府 1 的上升趋势的速度高于地方政府 2 的上升趋势的速度，上升的边际倾向随着中央政府补贴率 t 值的增加而增大。

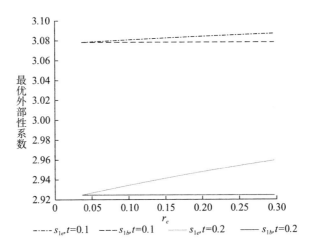

图 7-14　r_e 变化对政府 1 外部性系数的影响

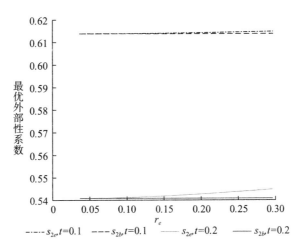

图 7-15　r_e 变化对政府 2 外部性系数的影响

　　图 7-16 至图 7-19 表明，相对于银行借贷模式，在电商借贷模式下，随着电商平台制定的贷款利率 r_e 值的增加，乡镇企业 2 和电商平台 2 的收益呈不断上升的趋势，乡镇企业 1 和电商平台 1 的收益也会有轻微上浮。原因是，乡镇企业 1 因为价格溢出效应获得的收益由于没有中央政府政策支持，从而被地方政府 1 取得，而乡镇企业 2 有中央政府政策支持，因此获得的收益大部分为自己所得，且乡镇企业 2 和电商平台 2 获得的收益随中央政府政策支持力度的增加而增加。

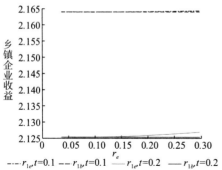

图 7-16 r_e 变化对乡镇企业 1 收益的影响

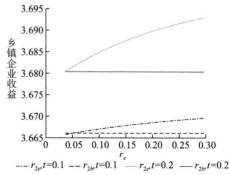

图 7-17 r_e 变化对乡镇企业 2 收益的影响

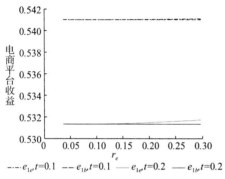

图 7-18 r_e 变化对电商平台 1 收益的影响

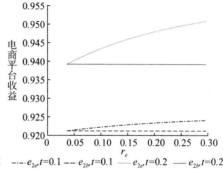

图 7-19 r_e 变化对电商平台 2 收益的影响

图 7-20 和图 7-21 表明，相对于银行借贷模式，在电商借贷模式下，随着电商平台制定的贷款利率 r_e 值的增加，地方政府 1 的社会总福利呈不断上升的趋势，地方政府 2 的社会总福利呈不断下降的趋势。趋势的边际倾向随中央政府补贴率 t 值的增加而增大。

图 7-22 表明，中央政府的社会总福利与电商平台制定的贷款利率 r_e 值无关，但是中央政府的社会总福利随着中央政府补贴率 t 值的增加而减少。

综上分析可得，地方政府 2 和其所辖企业的收益趋势相反，这是因为在电商借贷模式，随着 r_e 值的增加，产品的乡村振兴度下降，而价格却上升，侵占了消费者效用。这说明，在中央政府推动乡村振兴战略的过程中，电商平台制定的贷款利率如果过高，对于乡镇企业、电商平台有利，对于消费者有害。尤其中央政府的政策力度越大，这种效果反而更显著。

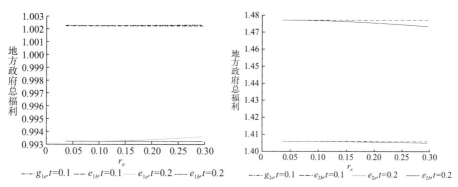

图 7-20 r_e 变化对地方政府 1   图 7-21 r_e 变化对地方政府 2
　　　总福利的影响　　　　　　　　　　　　总福利的影响

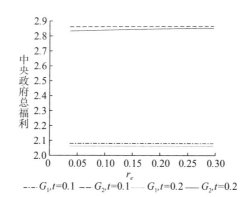

图 7-22 r_e 变化对中央政府总福利的影响

这是因为在乡村振兴战略过程中，政府对地方政府和民众的引导作用会被电商平台利用。其现实意义是，中央政府在推动乡村振兴战略的同时，不仅要控制银行制定的贷款利率，更要控制电商制定的贷款利率。如果中央政府只控制银行制定的贷款利率，而不对电商制定的贷款利率加以控制，中央政府就会陷入一种不好的境地，即：自中央政府推进乡村振兴战略以来，地方政府积极响应，显著减轻了对乡镇企业造成的外部性影响，同时，广大民众也积极购买享有政策补贴的乡村振兴特色产品，但电商平台为获取更高收益，提高贷款利率，迫使乡镇企业 2 通过降低产品乡村振兴度和提高批发价这种"以次充好"的手段，使自己和电商平台获得了比银行借贷模式更多的收益，这与中央政府推行的政策初衷相违背，不利于乡村振兴战略的可持续发展。

三、乡镇企业贷款期限的影响分析

阿里巴巴的蚂蚁金服等电商借贷平台的电商贷款年利率在 10% 以上，但银行电商贷款产品年化利率一般不会超过 10%[①]。因此本节设电商平台贷款利率为 10%，即 $r_e = 0.1$。与"消费者振兴偏好支付系数 k 变化的影响比较分析"部分相同，各参数取值为 $r_b = 0.0365$，$r_e = 0.1$，$c_1 = 2$，$c_2 = 3$，$U_0 = 4$，$k = 2$。令 $m = [0, 1]$。

图 7-23 表明，两种借贷模式下，随着乡镇企业贷款期限 m 值的增加，产品 2 的乡村振兴度呈不断下降的趋势。相较于银行借贷模式，电商借贷模式下产品的乡村振兴度下降速度更快。

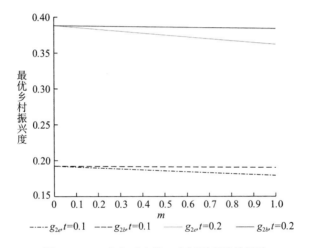

图 7-23　m 变化对产品 2 乡村振兴度的影响

图 7-24 表明，两种借贷模式下，随着乡镇企业贷款期限 m 值的增加，乡镇企业 2 收益呈不断下降的趋势。相较于银行借贷模式，电商借贷模式下产品的乡镇企业 2 收益下降速度更慢。

图 7-25 表明，银行借贷模式下，随着乡镇企业贷款期限 m 值的增加，电商平台 2 收益呈不断下降的趋势。电商借贷模式下，当 $t = 0.1$ 时，电商平台 2 收益随乡镇企业贷款期限 m 值的增加而降低；当 $t = 0.2$ 时，电商平

[①] 舒典. 小微企业电商贷的崛起与新挑战[EB/OL]. 腾讯内容开放平台，[2019-10-28]. https：//page. om. qq. com/page/OvR8fL7DukUz1oVuPYtw55HA0.

台 2 收益随乡镇企业贷款期限 m 值的增加而增加。这是因为电商平台收益由两部分组成，一是销售产品获得的收益，二是借贷给乡镇企业的贷款利息收入。产生区别的主要原因是，t 值增加会增加产品的乡村振兴度，提高乡镇企业贷款量，随着乡镇企业贷款期限的增加，电商平台从利息收入获利。从图 7-26 中标记的四个点可以看出，电商平台获利的前提条件是电商平台制定的贷款利率较高。

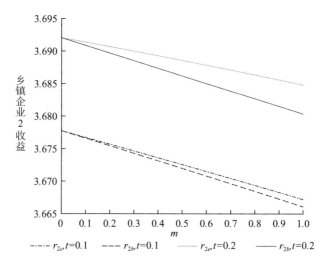

图 7-24　m 变化对乡镇企业 2 收益的影响

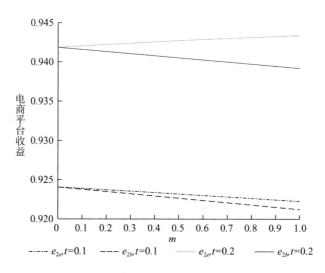

图 7-25　m 变化对电商平台 2 收益的影响

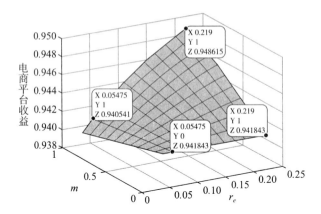

图 7-26 $t=0.2$ 时，m 和 r_e 变化对电商平台 2 收益的影响

图 7-27 表明，两种借贷模式下，随着乡镇企业贷款期限 m 值的增加，地方政府 2 总福利呈不断下降的趋势。

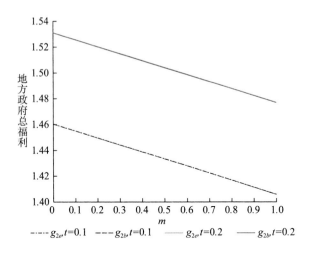

图 7-27 m 变化对地方政府 2 总福利的影响

图 7-28 表明，中央政府的社会总福利与乡镇企业贷款期限 m 值无关。因此要提高整体社会福利，主要措施为提高消费者振兴偏好，来带动消费升级。

本节发现电商平台制定的贷款利率 r_e 和乡镇企业贷款期限 m 的提高均会降低产品的乡村振兴度，并挤占消费者效用。相对于电商平台制定的贷款利率，乡镇企业和地方政府对贷款期限的增加更为敏感。首先，地方政府厌

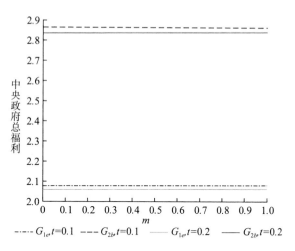

图 7-28　m 变化对中央政府总福利的影响

恶长期贷款的原因是随着贷款期限的增加，银行会吸纳地方政府所辖企业更多的收益，而银行收益的增加与地方政府无关。因此在实际操作中，应提高地方性银行在乡村振兴战略的地位，促进地方政府的积极性。其次，电商平台制定的贷款利率和贷款期限的增加都会提高乡镇企业的生产成本，但对乡镇企业而言，电商平台增加贷款利率是供应链内部的收益分配问题，可以通过降低产品振兴度以及提高批发价挽回损失，虽然"以次充好"的手段对供应链的长期发展并没有好处，但短期确实可以提高乡镇企业的收益。而贷款期限的增加则让外部参与者的银行吸纳了供应链的内部收益，乡镇企业无法再取回该部分收益。最后，电商平台在电商借贷模式下，则会审时度势，根据现阶段制定的贷款利率和中央政府补贴率来调整贷款期限。

第七节
本章小结

　　本章综合考虑了中央政府补贴和消费者偏好等因素，建立了竞争性地方政府、乡镇企业和电商平台间的四阶段博弈模型。本章的研究丰富了原有中央政府补贴对于市场影响的路径分析，通过细分中央和地方两级政府，探讨地方政府外部性行为对于补贴传导路径的影响，论证了在存在消费者偏好的情况下，竞争性地方政府与其所辖的乡镇企业以及电商平台对中央政府补贴的不同反应。通过算例作进一步的详细分析，得出结论如下：

（1）对中央政府而言，在乡村振兴实施战略中，首先，要努力培育提高消费者对乡村振兴战略的支持度，这可能在短期内"吃力不讨好"，但却是使各方共赢的长远之计。其次，中央政府可以组织搭建专门的电商平台负责销售乡村振兴产品。在推动乡村振兴战略的同时，不仅要控制银行制定的贷款利率，更要控制电商制定的贷款利率。最后，尽可能推动银行给乡镇企业贷款而非电商平台，还应提高地方性银行在乡镇振兴战略的地位。

（2）对地方政府而言，在消费者振兴偏好支付系数 k 值较低时，拥有乡镇企业 1 的地方政府比拥有乡镇企业 2 的地方政府收益高。但随着 k 值和 t 值的增加，情况将出现反转。这是因为拥有乡镇企业 1 的地方政府通过外部性影响从乡镇企业 1 里获得了较多的短期收益，而损失了消费升级带来的机会。而拥有乡镇企业 2 的地方政府通过培育乡镇企业 2 赢得消费升级带来的机会，来获得地方经济的长期发展和地方政府的长期利益。

（3）对电商平台而言，要控制给乡镇企业制定的贷款利率，虽然提高贷款利率在短期内能提高自身收益，但该行为迫使乡镇企业"以次充好"，从而损害了消费者效用。从长期来看，反而是自掘坟墓，被市场和政府所不容。

（4）对乡镇企业而言，第一，选择网络零售模式，因为这不仅能够提高产品的乡村振兴度，还能增加自身收益，并通过电商赋能，提供信用来扩大自身的产品销量。第二，生产乡村振兴产品，因为该行为不仅能获得中央政府补贴和消费者偏好，还会受到更低的地方政府外部性影响，从而降低生产成本。

综上所述，尽管在现行以经济发展为中心的政绩考核指标体系下，提高中央政府项目补贴力度和消费者振兴产品偏好系数能有效降低地方政府对乡镇企业的外部性影响，进而降低乡镇企业成本，促使乡镇企业生产乡村振兴产品，实现消费升级和产品升级。但对电商平台制定的贷款利率进行监管依旧是非常必要的，因为电商平台有较强动机提高贷款利率来获取收益，从而迫使乡镇企业在产品生产上"以次充好"，造成中央政府项目补贴传导机制失效甚至产生消极作用。

　　需要说明的是，本章模型假定博弈各方处在完全信息和完全理性的条件下，因此，本章只能说明在全额贷款、生产成本恒定的情况下，地方政府以及其所辖企业，对于中央政府乡村振兴补贴政策调控以及消费者对乡村振兴战略支持度的反应。实际上，还有博弈各方信息不对称或者非理性的情况结合起来重新构造政府和企业的收益函数，这都是将来可能的研究方向。

研究结论与展望

第一节
研究结论

本书主要运用博弈模型研究方法，研究供应链金融市场中政府行为决策、企业行为决策和消费者行为决策对供应链金融生态系统产生的影响。本书构建了非合作与合作博弈模型和复杂网络理论模型，探讨中小企业投融资市场风险共担影响机制、不同政府补贴方式对企业数字化转型决策的影响、不同资金约束主体对绿色供应链投融资决策的影响、不同权力结构对制造商最优融资决策的影响、中央政府项目补贴对供应链金融决策的影响，并通过数值模拟和仿真分析进行应用研究，针对问题提出了有效的解决方案和政策建议。本书的主要结论和建议如下：

(1)随着我国资本市场的快速发展，中小企业的贷款需求不断增加，但借贷成本高的问题依然存在。传统投资机构在信息不完全的条件下无法实现智能化匹配，而社交网络环境下的智能化匹配为中小企业提供了多渠道的贷款机会。在电商平台直接参与模式下，由于电商平台是资金的一级甚至多级批发商，中小企业获得比投资机构贷款更高的贷款成本，所以压低了整个市场的借贷需求，造成直接参与模式的最优贷款数量低于间接参与模式的最优贷款数量。同时，电商平台间接参与模式下，通过大数据和云技术的应用，实现风险共担，降低了交易成本和贷款风险，扩大了中小企业的借贷数额，降低了借贷门槛，从而促进了行业的良性发展。

(2)在推动企业数字化转型过程中，我国不仅要做到政府与市场的有机统一，还需发挥市场在资源配置中的决定性作用。一方面，中央和地方两级政府都应具体问题具体分析，结合当前阶段下不同产品的不同消费者偏好，灵活制定不同方式和力度的补贴政策。另一方面，中央政府作为整个社会系统的掌舵者，应在消费者偏好较低的数字产品研发初期，鼓励研发机构进行产品研发并将初期产品投入市场。而当消费者偏好逐渐走高时，中央政府则应适当放开财政事权，鼓励地方政府竞争，吸纳数字企业聚集，促进企业合作研发数字技术。同时，消费者偏好的不断提升，最终能实现"高数字技术水平"和"社会福利最大化"两目标的完美统一。因此，在拉动经济增长的"三驾马车"中，中央政府最终应关注推动消费，发挥好消费对经济发展的基础性作用。

（3）在分析股权或债权融资模式下的绿色化转型决策问题时笔者发现，随着消费者环保意识的提升对产品绿色度和供应链中的股东收益有显著的正向影响。资金约束一方倾向于债权融资，通过"以次充好"或"压低批发价"等手段弥补资金收益损失，而资金充裕一方则倾向于股权融资，以获得企业决策权。当绿色制造商资金约束时，股权融资模式下的产品绿色度和整体利润会随消费者环保意识增加而提高。本书深入分析了不同资金约束主体下的股权融资和债权融资策略，探讨了其对企业定价、产品绿色水平和股东收益的影响，为企业管理者、投资者和决策者提供了全面的融资选择指导。

（4）针对不同权力结构模式下的融资决策问题，通过分析资金约束制造商在不同自有资金水平下的最优均衡运营决策，发现相较于生态创新企业主导的权力结构，普通企业主导的权力结构提升了创新产品的生态创新水平和供应链整体利润。当生态创新企业资金充足时，内部融资模式虽然成本低但可能引致资金闲置，银行融资模式和混合融资模式虽然成本较高但资金利用充分；当生态创新企业资金不足时，混合融资模式是最佳选择。

（5）面对中央政府项目补贴模式下的投融资决策问题，通过构建乡镇企业、电商平台和地方政府间的四阶段 Stackelberg 博弈模型，研究发现在存在消费者偏好的情况下，乡镇企业倾向于选择网络零售的方式进行产品销售。中央政府项目补贴政策对乡村振兴产品销售量和乡村振兴度的提高，以及抑制地方政府对乡镇企业的外部性影响具有显著的正向影响。虽然中央政府进行项目补贴在短期内效果不显著，但控制贷款利率在合理水平内，该措施仍是实现企业转型、产品创新、社会福利提高的重要举措。

综上所述，本书通过构建和分析多种投融资模型，深入探讨了在不同情境和模式下的投融资问题，提出了多种创新性解决方案和理论支撑。通过对中小企业融资贵问题、数字经济背景下的政府补贴策略、企业绿色化转型的融资决策、生态创新企业的权力结构以及乡村振兴战略下的投融资模型的研究，为投资机构、企业管理者和政府决策者提供了全面的理论指导和实践参考，推动了相关领域的发展和创新。

<h1 style="text-align:center">第二节
研究展望</h1>

本书取得了一系列创新性成果，但还存在一些需要改进的地方，还有一些问题需要进一步的扩展研究，具体表现在：

（1）需要放宽现有模型的假设条件。例如，在中小企业投融资市场风险共担模式的研究中，未来可以考虑电商平台的破产违约风险和其他因素的影响。在电商平台的假设中，可以加入流动性限制、参与性约束和激励约束等因素，从而为中小企业投融资市场的完善提供更符合实践的理论依据。

（2）研究可以从实证网络的视角出发，分析政府政策对企业数字化转型的影响。当前的研究主要基于理论模型，未来的研究可以通过实证网络分析，进一步探讨中央和地方财权事权责任划分和消费者产品偏好变化对中央和地方两级政府补贴策略调整过程的影响。这将为我国在数字经济时代下如何进行政府补贴和完善中央和地方财权事权责任划分制度以促进企业数字化转型提供新视角。

（3）可以基于多个零售商共同持股单个制造商的情况，深入分析企业绿色转型与融资决策。此外，还可以考虑政府补贴下企业低碳投入与融资决策，以及社交网络环境下企业低碳投入与融资决策。这些研究将为企业绿色转型提供更加全面的理论支持，并有助于实现可持续发展目标。

（4）未来的研究可将消费者行为、企业融资约束和权力结构三个不同的角度综合考虑。现有研究主要从单一角度进行分析，未来可以通过构建更加复杂的博弈模型，模拟不同情境下各因素对企业创新行为的综合影响。这将丰富创新管理和供应链金融交叉的研究内容，为政府调整生态创新产业权力结构以及运用金融手段支持企业生态创新行为提供参考依据。

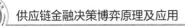

（5）需要探讨信息不对称条件下的博弈分析。现有研究大多假定博弈各方处在完全信息和完全理性的条件下，未来研究可以考虑信息不对称和非理性行为的情况，重新构造政府和企业的收益函数。这将更加接近实际情况，为政策制定和企业决策提供更加现实的参考。

参考文献

[1] Abbasi W A, Wang Z, Abbasi D A. Supply Chain Finance: Generation and Growth of New Financing Approach [J]. Journal of Finance and Bank Management, 2017, 5(2): 50-57.

[2] AL-Azzam A F, Al-Mizeed K. The Effect of Digital Marketing on Purchasing Decisions: A Case Study in Jordan [J]. The Journal of Asian Finance, Economics and Business, 2021, 8(5): 455-463.

[3] Aumann R J, Dreze J H. Cooperative Games with Coalition Structures [J]. International Journal of Game Theory, 1974, 3(4): 217-237.

[4] Babich V, Kouvelis P. Introduction to the Special Issue on Research at the Interface of Finance, Operations, and Risk Management (iFORM): Recent Contributions and Future Directions [J]. Manufacturing & Service Operations Management, 2018, 20(1): 1-18.

[5] Bajari P, Hong H, Ryan S P. Identification and Estimation of a Discrete Game of Complete Information [J]. Econometrica, 2010, 78(5): 1529-1568.

[6] Bals C. Toward a Supply Chain Finance (SCF) Ecosystem-Proposing a Frameworkand Agenda for Future Research [J]. Journal of Purchasing and Supply Management, 2019, 25(2): 105-117.

[7] Barabási A L, Albert R. Emergence of Scaling in Random Networks [J]. Science, 1999, 286(5439): 509-512.

[8] Bendig D, Kleine-Stegemann L, Schulz C, et al. The Effect of Green Startup Investments on Incumbents' Green Innovation Output [J]. Journal of Cleaner Production, 2022(376): 134316.

[9] Bertsch C, Hull I, Qi Y, et al. Bank Misconduct and Online Lending [J]. Journal of Banking & Finance, 2020(116): 105822.

[10] Bester H, Güth W. Is Altruism Evolutionarily Stable? [J]. Journal of

Economic Behavior & Organization, 1998, 34(2): 193-209.

[11] Bhaskaran S R, Krishnan V. Effort, Revenue, and Cost Sharing Mechanisms for Collaborative New Product Development[J]. Management Science, 2009, 55(7): 1152-1169.

[12] Bloch F, Jackson M O. The Formation of Networks with Transfers Among Players[J]. Journal of Economic Theory, 2007, 133(1): 83-110.

[13] Bonanno G. Vertical Differentiation with Cournot Competition[J]. Economic Notes, 1986, 15(2): 68-91.

[14] Bondareva O N. Some Applications of Linear Programming Methods to the Theory of Cooperative Games[J]. Problemy Kibernet, 1963(10): 119-139.

[15] Bordino I, Gullo F, Legnaro G. Advancing Receivable Financing via a Network-Based Approach[J]. IEEE Transactions on Network Science and Engineering, 2020(8): 1328-1337

[16] Borm P, Owen G, Tijs S. On the Position Value for Communication Situations[J]. SIAM Journal on Discrete Mathematics, 1992, 5(3): 305-320.

[17] Broekel T. Do Cooperative Research and Development(R&D) Subsidies Stimulate Regional Innovation Efficiency? Evidence from Germany[J]. Regional Studies, 2013, 49(7): 1087-1110.

[18] Brynjolfsson E, Hu Y, Smith M D. Consumer Surplus in the Digital Economy: Estimating the Value of Increased Product Variety at Online Booksellers[J]. Management Science, 2003, 49(11): 1580-1596.

[19] Cachon G P. Supply Chain Coordination with Contracts[J]. Handbooks in Operations Research and Management Science, 2003(11): 227-339.

[20] Cancela B L, Coelho A, Duarte Neves M E. Greening the Business: How Ambidextrous Companies SucceedIn Green Innovation Through to Sustainable Development[J]. Business Strategy and the Environment, 2023, 32(6): 3073-3087.

[21] Caniato F, Gelsomino L M, Perego A, et al. Does Finance Solve the Supply Chain Financing Problem? [J]. Supply Chain Management, 2016, 21(5): 534-549.

［22］ Cao J, Wen F, Stanley H E, et al. Multilayer Financial Networks and Systemic Importance：Evidence from China［J］. International Review of Financial Analysis, 2021(78)：101882.

［23］ Che C, Zhang X, Chen Y, et al. A Model of Waste Price in a Symbiotic Supply Chain Based on Stackelberg Algorithm［J］. Sustainability, 2021, 13(4)：1740.

［24］ Chen H, Wang J, Miao Y. Evolutionary Game Analysis on the Selection of Green and Low Carbon Innovation between Manufacturing Enterprises ［J］. Alexandria Engineering Journal, 2021a, 60(2)：2139-2147.

［25］ Chen S, Du J, He W, et al. Supply Chain Finance Platform Evaluation Based on Acceptability Analysis［J］. International Journal of Production Economics, 2022(243)：108350.

［26］ Chen X, Lee C-W J, Li J. Government Assisted Earnings Management in China［J］. Journal of Accounting and Public Policy, 2008, 27(3)：262-274.

［27］ Chen Z, Liu Z, Suárez Serrato J C, et al. Notching R&D Investment with Corporate Income Tax Cuts in China［J］. American Economic Review, 2021b, 111(7)：2065-2100.

［28］ Costa L da F, Rodrigues F A, Travieso G, et al. Characterization of Complex Networks：A Survey of Measurements［J］. Advances in Physics, 2007, 56(1)：167-242.

［29］ Crespo C F, Ferreira A G, Cardoso R M. The Influence of Storytelling on the Consumer-Brand Relationship Experience［J］. Journal of Marketing Analytics, 2023, 11(1)：41-56.

［30］ Dadashpoor H, Yousefi Z. Centralization or Decentralization? A Review on the Effects of Information and Communication Technology on Urban Spatial Structure［J］. Cities, 2018(78)：194-205.

［31］ D´Aspremont C, Jacquemin A. Cooperative and Noncooperative R & D in Duopoly with Spillovers［J］. The American Economic Review, 1988(78)：1133-1137.

［32］ Dong Y, Skowronski K, Song S, et al. Supply Base Innovation and

Firm Financial Performance[J]. Journal of Operations Management, 2020, 66 (7): 768-796.

[33] Erdös P, Rényi A. On Random Graphs I[J]. Publicationes Mathematicae Debrecen, 1959(6): 290-297.

[34] Ernst H, Hoyer W D, Rübsaamen C. Sales, Marketing, and Research-and-Development Cooperation Across New Product Development Stages: Implications for Success[J]. Journal of Marketing, 2010(74): 80-92.

[35] Fan R, Dong L. The Dynamic Analysis and Simulation of Government Subsidy Strategies in Low-Carbon Diffusion Considering the Behavior of Heterogeneous Agents[J]. Energy Policy, 2018(117): 252-262.

[36] Fang Z, Razzaq A, Mohsin M, et al. Spatial Spillovers and Threshold Effects of Internet Development and Entrepreneurship on Green Innovation Efficiency in China[J]. Technology in Society, 2022(68): 101844.

[37] Featherman M, Jia S J, Califf C B, et al. The Impact of New Technologies on Consumers Beliefs: Reducing the Perceived Risks of Electric Vehicle Adoption [J]. Technological Forecasting and Social Change, 2021 (169): 120847.

[38] Ferreira D C S, Oliveira-Castro J M. Effects of Background Music on Consumer Behaviour: Behavioural Account of the Consumer Setting[J]. The Service Industries Journal, 2011, 31(15): 2571-2585.

[39] Freeman C. The Economics of Industrial Innovation (2nd Edition) [M]. London: Frances Printer, 1982.

[40] Fu H, Ke G Y, Lian Z, et al. 3PL Firm's Equity Financing for Technology Innovation in a Platform Supply Chain[J]. Transportation Research Part E: Logistics and Transportation Review, 2021(147): 102239.

[41] Gelsomino L M, Mangiaracina R, Perego A, et al. Supply Chain Finance: A Literature Review[J]. International Journal of Physical Distribution & Logistics Management, 2016, 46(4): 348-366.

[42] Ghosh P, Upadhyay S, Srivastava V, et al. How Influencer Characteristics Drive Gen Z Behavioural Intentions of Selecting Fast-Food Restaurants: Mediating Roles of Consumer Emotions and Self-Construal[J]. British Food Jour-

nal, 2024(126).

[43] Giaretta E, Chesini G. The Determinants of Debt Financing: The Case of Fintech Start-Ups[J]. Journal of Innovation & Knowledge, 2021, 6 (4): 268-279.

[44] Hai B, Yin X, Xiong J, et al. Could More Innovation Output Bring Better Financial Performance? The Role of Financial Constraints[J]. Financial Innovation, 2022, 8(1): 6.

[45] Haimanko O. Bayesian Nash Equilibrium Existence in(Almost Continuous)Contests[J]. Economic Theory, 2021, 71(3): 1231-1258.

[46] Harsanyi J C, Selten R. A General Theory of Equilibrium Selection in Games[M]. Cambridge: The MIT Press, 1988.

[47] Hassin R, Haviv M. Nash Equilibrium and Subgame Perfection in Observable Queues[J]. Annals of Operations Research, 2002, 113(1): 15-26.

[48] Holmstrom B, Milgrom P. Aggregation and Linearity in the Provision of Intertemporal Incentives[J]. Econometrica, 1987(55): 303-328.

[49] Horng J-S, Liu C-H, Chou S-F, et al. Does Corporate Image Really Enhance Consumer's Behavioural Intentions? [J]. Asia Pacific Journal of Tourism Research, 2018, 23(10): 1008-1020.

[50] Hsu P-H, Tian X, Xu Y. Financial Development and Innovation: Cross-Country Evidence[J]. Journal of Financial Economics, 2014, 112(1): 116-135.

[51] Hu J, Pan X, Huang Q. Quantity or Quality? The Impacts of Environmental Regulation on Firms' Innovation-Quasi-Natural Experiment Based on China's Carbon Emissions Trading Pilot[J]. Technological Forecasting and Social Change, 2020(158): 120122.

[52] Hu P, Bhuiyan M A, Rahman M K, et al. Impact of COVID-19 Pandemic on Consumer Behavioural Intention to Purchase Green Products[J]. PLOS ONE, 2022, 17(10): e0275541.

[53] Ichiishi T. Super-Modularity: Applications to Convex Games and to the Greedy Algorithm for LP[J]. Journal of Economic Theory, 1981, 25(2):

283-286.

[54] Jasny L, Sayles J, Hamilton M, et al. Participant Engagement in Environmentally Focused Social Network Research[J]. Social Networks, 2021 (66): 125-138.

[55] Jia L, Nam E, Chun D. Impact of Chinese Government Subsidies on Enterprise Innovation: Based on a Three-Dimensional Perspective[J]. Sustainability, 2021, 13(3): 1288.

[56] Jin L, Zheng B, Huang S. Pricing and Coordination in a Reverse Supply Chain with Online and Offline Recycling Channels: A Power Perspective [J]. Journal of Cleaner Production, 2021(298): 126786.

[57] Jo Black N J, Lockett A, Winklhofer H, et al. The Adoption of Internet Financial Services: A Qualitative Study[J]. I International Journal of Retail & Distribution Management, 2001, 29(8): 390-398.

[58] Kalai E, Lehrer E. Rational Learning Leads to Nash Equilibrium[J]. Econometrica, 1993, 61(5): 1019-1045.

[59] Kalai E. Nonsymmetric Nash Solutions and Replications of 2-Person Bargaining[J]. International Journal of Game Theory, 1977, 6(3): 129-133.

[60] Kaufman H. Administrative Decentralization and Political Power[J]. Public Administration Review, 1969(29): 3-15.

[61] Kohlberg E, Mertens J-F. On the Strategic Stability of Equilibria[J]. Econometrica, 1986, 54(5): 1003-1037.

[62] Königsberg Z R. Modelling and Verification Analysis of Cooperative and Non-Cooperative Games via a Modal Logic Approach[J]. Computacion y Sistemas, 2021, 25(3): 515-521.

[63] Kouvelis P, Xu F. A Supply Chain Theory of Factoring and Reverse Factoring[J]. Management Science, 2021, 67(10): 6071-6088.

[64] Kreps D M, Wilson R. Sequential Equilibria[J]. Econometrica, 1982, 50(4): 863-894.

[65] Leng M, Parlar M. Analytic Solution for the Nucleolus of a Three-Player Cooperative Game[J]. Naval Research Logistics, 2010, 57(7): 667-672.

［66］ Li C, Liu Q, Zhou P, et al. Optimal Innovation Investment: The Role of Subsidy Schemes and Supply Chain Channel Power Structure［J］. Computers & Industrial Engineering, 2021(157): 107291.

［67］ Li J, He Z, Wang S. A Survey of Supply Chain Operation and Finance with Fintech: Research Framework and Managerial Insights［J］. International Journal of Production Economics, 2022(247): 108431.

［68］ Li J, Jiao J, Tang Y. Analysis of the Impact of Policies Intervention on Electric Vehicles Adoption Considering Information Transmission—Based on Consumer Network Model［J］. Energy Policy, 2020a(144): 111560.

［69］ Li Y, Tong Y, Ye F, et al. The Choice of the Government Green Subsidy Scheme: Innovation Subsidy VS. Product Subsidy ［J］. International Journal of Production Research, 2020b, 58(16): 4932-4946.

［70］ Ltifi M, Mesfar S. Does the Corporate Social Responsibility of the Service Based on Blockchain Technology Affect the Real Behaviour of the Consumer? ［J］. Journal of Air Transport Management, 2022(104): 102256.

［71］ Manzoor F, Wei L, Sahito N. The Role of SMEs in Rural Development: Access of SMEs to Finance as a Mediator［J］. PLOS ONE, 2021, 16 (3): e0247598.

［72］ Meng Q, Li M, Li Z, et al. How Different Government Subsidy Objects Impact on Green Supply Chain Decision considering Consumer Group Complexity［J］. Mathematical Problems in Engineering, 2020(2020): 1-12.

［73］ Mills S, Costa S, Sunstein C R. AI, Behavioural Science, and Consumer Welfare［J］. Journal of Consumer Policy, 2023(46): 387-400.

［74］ Mu Z, Zheng Y, Sun H. Cooperative Green Technology Innovation of an E-Commerce Sales Channel in a Two-Stage Supply Chain［J］. Sustainability, 2021, 13(13): 7499.

［75］ Myerson R B. Graphs and Cooperation in Games［J］. Mathematics of Operations Research, 1977, 2(3): 225-229.

［76］ Myerson R B. Refinements of the Nash Equilibrium Concept ［J］. International Journal of Game Theory, 1978, 7(2): 73-80.

［77］ Nash J F. Non - Cooperative Games ［J］. Annals of Mathematics,

1951，54（2）：286-295.

［78］ Nash J F. The Bargaining Problem［J］. Econometrica，1950，18（2）：155-162.

［79］ Nash J F. Two-Person Cooperative Games［J］. Econometrica，1953（21）：128-140.

［80］ Nau R F. Indeterminate Probabilities on Finite Sets［J］. The Annals of Statistics，1992，20（4）：1737-1767.

［81］ Newman M E J，Watts D J. Renormalization Group Analysis of the Small-World Network Model［J］. Physics Letters A，1999，263（4-6）：341-346.

［82］ Nocella G，Wu J，Cerroni S. The Use of Smart Biosensors during a Food Safety Incident：Consumers' Cognitive-Behavioural Responses and Willingness to Pay［J］. International Journal of Consumer Studies，2023（47）：249-266.

［83］ Otchere I，Senbet L W，Zhu P. Does Political Connection Distort Competition and Encourage Corporate Risk Taking？International Evidence［J］. Journal of Empirical Finance，2020（55）：21-42.

［84］ Owen R，Brennan G，Lyon F. Enabling Investment for The Transition to a Low Carbon Economy：Government Policy to Finance Early Stage Green Innovation［J］. Current Opinion in Environmental Sustainability，2018（31）：137-145.

［85］ Pereira V，Temouri Y，Wood G，et al. How do Grand Challenges Determine，Drive and Influence the Innovation Efforts of For-Profit Firms？A Multidimensional Analysis［J］. Journal of Product Innovation Management，2024，41（2）：184-210.

［86］ Perles M A，Maschler M. The Super-Additive Solution for the Nash Bargaining Game［J］. International Journal of Game Theory，1981（10）：163-193.

［87］ Ponssard J-P. AboutSections Zero-Sum Games with "Almost" Perfect Information［J］. Management Science，1975，21（7）：794-805.

［88］ Rao P，Kumar S，Chavan M，et al. A Systematic Literature Review on SME Financing: Trends and Future Directions[J]. Journal of Small Business Management, 2021, 61(3): 1247-1277.

[89] Reutterer T, Platzer M, Schröder N. Leveraging Purchase Regularity for Predicting Customer Behavior the Easy Way[J]. International Journal of Research in Marketing, 2021, 38(1): 194-215.

[90] Salop S C, O'Brien D P. Competitive Effects of Partial Ownership: Financial Interest and Corporate Control[J]. Antitrust Law Journal, 2000, 67 (3): 559-614.

[91] Schelling T C. The Strategy of Conflict[M]. Cambridge: Harvard University Press, 1960.

[92] Schwendtner T, Amsl S, Teller C, et al. Shopping Behaviour of Elderly Consumers: Change and Stability during Times of Crisis[J]. International Journal of Retail & Distribution Management, 2024(52): 1-15.

[93] Selten R. Reexamination of the Perfectness Concept for Equilibrium Points in Extensive Games[J]. International Journal of Game Theory, 1975, 4 (1): 25-55.

[94] Selten R. Spieltheoretische Behandlung eines Oligopolmodells mit Nachfrageträgheit. Teil I: Bestimmung des dynamischen Preisgleichgewichts, Teil II: Eigenschaften des dynamischen Preisgleichgewichts[J]. Zeitschrift für die gesamte Staatswissenschaft, 1965, 121(4): 301-324+667-689.

[95] Seyed Esfahani M, Reynolds N. Impact of Consumer Innovativeness on Really New Product Adoption[J]. Marketing Intelligence & Planning, 2021, 39(4): 589-612.

[96] Sharma A P. Consumers' Purchase Behaviour and Green Marketing: A Synthesis, Review and Agenda[J]. International Journal of Consumer Studies, 2021, 45(6): 1217-1238.

[97] Shen Y, Xu X, Zou B, et al. Operating Policies in Multi-Warehouse Drone Delivery Systems[J]. International Journal of Production Research, 2020, 59(7): 2140-2156.

[98] Sheu J-B, Chen Y J. Impact of Government Financial Intervention on Competition Among Green Supply Chains[J]. International Journal of Produc-

tion Economics，2012，138(1)：201-213.

[99] Singh R P, Singh R, Mishra P. Does Managing Customer Accounts Receivable Impact Customer Relationships, and Sales Performance? An Empirical Investigation[J]. Journal of Retailing and Consumer Services, 2021(60)：102460.

[100] Stiglitz J E. Economics of Information：Basic Principles(Chinese Edition)[M]. Beijing：China Finance Publishing House, 2009.

[101] Sun X, Tang J, Li S. Promote Green Innovation in Manufacturing Enterprises in the Aspect of Government Subsidies in China[J]. International Journal of Environmental Research and Public Health, 2022, 19(13)：7864.

[102] Szabó G, Töke C. Evolutionary Prisoner's Dilemma Game on a Square Lattice[J]. Physical Review E, 1998(58)：69.

[103] Tabash M I, Farooq U, Ashfaq K, et al. Economic Policy Uncertainty and Financing Structure：A New Panel Data Evidence from Selected Asian Economies[J]. Research in International Business and Finance, 2022(60)：101574.

[104] Tenner I, Hörisch J. Crowdfunding Sustainable Entrepreneurship：Whatare the Characteristics of Crowdfunding Investors? [J]. Journal of Cleaner Production, 2021(290)：125667.

[105] Tong X L, Wang Z, Li X. The Influence of Government Subsidy on Enterprise Innovation：Based on Chinese High-Tech Enterprises[J]. Economic Research-Ekonomska Istraživanja, 2022, 35(1)：1481-1499.

[106] Viveros P, González K, Mena R, et al. Slotting Optimization Model for a Warehouse with Divisible First-Level Accommodation Locations[J]. Applied Sciences, 2021, 11(3)：936.

[107] Von Neumann J, Morgenstern O. Theory of Games and Economic Behavior[M]. Princeton：Princeton University Press, 1944.

[108] Wang J, Zhao L, Huchzermeier A. Operations-Finance Interface in Risk Management：Research Evolution and Opportunities[J]. Production and Operations Management, 2021a, 30(2)：355-389.

[109] Wang M, Li Y, Cheng Z, et al. Evolution and Equilibrium of a

Green Technological Innovation System: Simulation of a Tripartite Game Model [J]. Journal of Cleaner Production, 2021b(278): 123944.

[110] Wang M, Li Y, Li J, et al. Green Process Innovation, Green Product Innovation and its Economic Performance Improvement Paths: A Survey and Structural Model[J]. Journal of Environmental Management, 2021c(297): 113282.

[111] Wang X, Zou H, Zheng Y, et al. How will Different Types of Industry Policies and Their Mixes Affect the Innovation Performance of Wind Power Enterprises? Based on Dual Perspectives of Regional Innovation Environment and Enterprise Ownership[J]. Journal of Environmental Management, 2019(251): 109586.

[112] Wang Y, Ko E, Wang H, et al. Augmented Reality(AR)App Use in the Beauty Product Industry and Consumer Purchase Intention[J]. Asia Pacific Journal of Marketing and Logistics, 2021d, 34(1): 110-131.

[113] Watts D J, Strogatz S H. Collective Dynamics of 'Small-World' Networks[J]. Nature, 1998, 393(6684): 440-442.

[114] Wei J, Wang C. Improving Interaction Mechanism of Carbon Reduction Technology Innovation Between Supply Chain Enterprises and Government by Means of Differential Game[J]. Journal of Cleaner Production, 2021(296): 126578.

[115] Wen F, Li C, Sha H, et al. How Does Economic Policy Uncertainty Affect Corporate Risk-Taking? Evidence from China[J]. Finance Research Letters, 2021(41): 101840.

[116] Wu W-T, Jiang J-H. Essential Equilibrium Points of N-Person Non-cooperative Games[J]. Scientia Sinica, 1962(11): 1307-1322.

[117] Xia Q, Zhi B, Wang X. The Role of Cross-Shareholding in the Green Supply Chain: Green Contribution, Power Structure and Coordination[J]. International Journal of Production Economics, 2021(234): 108037.

[118] Xiang X, Liu C, Yang M. Who is Financing Corporate Green Innovation? [J]. International Review of Economics & Finance, 2022(78): 321-337.

[119] Xu Y, Cheng W, Zhang, L. Switching from Group Lending to Individual Lending: The Experience at China's Largest Microfinance Institution [J]. Emerging Markets Finance and Trade, 2019, 56(9): 1989-2006.

[120] Yan B, Chen Z, Yan C, et al. Evolutionary Multiplayer Game Analysis of Accounts Receivable Financing Based on Supply Chain Financing[J]. International Journal of Production Research, 2021: 1-19.

[121] Yi Y, Yang H. Wholesale Pricing and Evolutionary Stable Strategies of Retailers under Network Externality[J]. European Journal of Operational Research, 2017, 259(1): 37-47.

[122] Yu W, Wong C Y, Chavez R, et al. Integrating Big Data Analytics into Supply Chain Finance: The Roles of Information Processing and Data-Driven Culture [J]. International Journal of Production Economics, 2021(236): 108135.

[123] Yu Y, Han X, Hu G. Optimal Production for Manufacturers Considering Consumer Environmental Awareness and Green Subsidies[J]. International Journal of Production Economics, 2016(182): 397-408.

[124] Zhang F, Sun S, Liu C, Chang V. Consumer Innovativeness, Product Innovation and Smart Toys[J]. Electronic Commerce Research and Applications, 2020(41): 100974.

[125] Zhang N L, Yang Q, Kelleher A, et al. A New Mixture Cure Model Under Competing Risks to Score Online Consumer Loans[J]. Quantitative Finance, 2019, 19(7): 1243-1253.

[126] Zhang X, Dong F. Why Do Consumers Make Green Purchase Decisions? Insights from a Systematic Review[J]. International Journal of Environmental Research and Public Health(IJERPH), 2020, 17(18): 6607.

[127] Zhao D, Ji S-F, Wang H-P, et al. How do Government Subsidies Promote New Energy Vehicle Diffusion in the Complex Network Context? A Three-Stage Evolutionary Game Model[J]. Energy, 2021(230): 120899.

[128] Zhao S, Xu B, Zhang W. Government R&D Subsidy Policy in China: An Empirical Examination of Effect, Priority, and Specifics[J]. Technological Forecasting and Social Change, 2018(135): 75-82.

[129] 白俊红. 中国的政府 R&D 资助有效吗？来自大中型工业企业的经验证据[J]. 经济学(季刊)，2011，10(4)：1375-1400.

[130] 白延涛. 加快推进中小企业数智化转型：实践要求与推进路径[J]. 价格理论与实践，2024(5)：71-76.

[131] 白彦锋，岳童，童健. 碳税征管的理论实践与策略选择[J]. 经济理论与经济管理，2023，43(11)：17-29.

[132] 鲍立江，仲伟俊，梅姝娥. 电子商务平台中刷单行为对商家间竞争的影响[J]. 系统工程理论与实践，2021，41(11)：2876-2886.

[133] 卞亦文，闫欣，杨列勋. 社会学习视角下运营管理决策研究[J]. 管理科学学报，2019，22(5)：18-30.

[134] 蔡敏，骆建文. 资金约束制造商的最优融资与质量决策[J]. 系统管理学报，2022，31(2)：230-240.

[135] 曹斌斌，肖忠东，祝春阳. 考虑政府低碳政策的双销售模式供应链决策研究[J]. 中国管理科学，2018，26(4)：30-40.

[136] 曹中秋，张子元，傅端香. 考虑绿色偏好和政府补贴的供应链营销策略研究[J]. 工业工程，2019，22(5)：141-149.

[137] 陈爱贞，陈凤兰，何诚颖. 产业链关联与企业创新[J]. 中国工业经济，2021(9)：80-98.

[138] 陈超，柳子君，肖辉. 从供给视角看我国房地产市场的"两难困境"[J]. 金融研究，2011(1)：73-93.

[139] 陈国进，丁赛杰，赵向琴，等. 中国绿色金融政策、融资成本与企业绿色转型——基于央行担保品政策视角[J]. 金融研究，2021(12)：75-95.

[140] 陈恒，彭程，郭爽，等. 基于复杂市场网络绿色技术创新扩散的两阶段演化分析[J]. 中国管理科学，2024，32(3)：135-144.

[141] 陈宏辉，贾生华. 企业利益相关者的利益协调与公司治理的平衡原理[J]. 中国工业经济，2005(8)：114-121.

[142] 陈剑，黄朔，刘运辉. 从赋能到使能——数字化环境下的企业运营管理[J]. 管理世界，2020，36(2)：117-128+222.

[143] 陈金晓，陈剑. 从优化到重塑——大变局中的供应链高质量发展[J]. 系统工程理论与实践，2022，42(3)：545-558.

[144] 陈克兵，孔颖琪，雷东．考虑消费者偏好及渠道权力的可替代产品供应链的定价和绿色投入决策[J]．中国管理科学，2023，31(5)：1-10.

[145] 陈其安，张红真，高国婷．基于地方政府担保的投融资平台融资行为模型[J]．系统工程学报，2015，30(3)：319-330.

[146] 陈晓红，唐立新，余玉刚，等．全球变局下的风险管理研究[J]．管理科学学报，2021，24(8)：115-124.

[147] 陈旭东，鹿洪源，郭权．以税扩绿：绿色税收促进制造业绿色化转型了吗？[J]．经济与管理评论，2024，40(4)：72-85.

[148] 陈芋君，杨莹，柴建，等．营改增对企业绿色创新的影响研究：税负效应与分工效应[J/OL]．系统科学与数学，1-21[2024-08-07]．http：//kns.cnki.net/kcms/detail/11.2019.O1.20240226.1642.006.html.

[149] 杜梅慧，李莉莉，张璇．基于两步子抽样算法的P2P信用风险预测研究[J]．系统科学与数学，2021，41(2)：566-576.

[150] 冯根福，郑明波，温军，等．究竟哪些因素决定了中国企业的技术创新——基于九大中文经济学权威期刊和A股上市公司数据的再实证[J]．中国工业经济，2021(1)：17-35.

[151] 冯建英，穆维松，傅泽田．消费者的购买意愿研究综述[J]．现代管理科学，2006(11)：7-9.

[152] 冯俊诚．财权与事权不匹配和经济增长：来自省以下财政体制改革的经验证据[J]．财贸经济，2020，41(8)：34-47.

[153] 冯曦明，龙彦霖．数字经济能否助推工业绿色转型？——基于PSDM及PTR模型的实证研究[J]．财会研究，2022(8)：72-80.

[154] 冯章伟，李贵萍，杨会如，等．碳减排政策下绿色供应链的区块链溯源技术引入策略[J]．供应链管理，2023，4(6)：59-71.

[155] 付红，杨逸璇，王军，等．共同控制情形下后向持股供应链运营决策研究[J]．系统工程理论与实践，2023，43(1)：135-150.

[156] 高洁超，范从来，杨冬莞．企业动产融资与宏观审慎调控的配合效应[J]．金融研究，2017(6)：111-125.

[157] 高鹏，杜建国，朱宾欣，等．考虑异质性创新的绿色供应链政府补贴策略研究[J]．软科学，2022，36(6)：25-32.

[158] 宫豆豆，徐根玖，侯东爽．双边配给问题的Shapley解及其在

博物馆通票问题中的应用[J]. 运筹学学报, 2022, 26(2): 45-54.

[159] 龚强, 班铭媛, 张一林. 区块链、企业数字化与供应链金融创新[J]. 管理世界, 2021, 37(2): 3+22-34.

[160] 顾夏铭, 陈勇民, 潘士远. 经济政策不确定性与创新——基于我国上市公司的实证分析[J]. 经济研究, 2018, 53(2): 109-123.

[161] 顾子跃. 政府补贴下考虑公平关切的双渠道绿色供应链定价决策[D]. 北京工商大学硕士学位论文, 2021.

[162] 桂华. 论央地关系的实践性平衡——结合两项土地制度的分析[J]. 开放时代, 2022(5): 7-8+92-106.

[163] 郭捷, 谷利月. 农业供应链金融能有效缓解企业的融资约束? ——涉农企业参与精准扶贫的实证研究[J]. 运筹与管理, 2022, 31(3): 112-118.

[164] 郭晔, 房芳. 新型货币政策担保品框架的绿色效应[J]. 金融研究, 2021(1): 91-110.

[165] 韩睿, 田志龙. 促销类型对消费者感知及行为意向影响的研究[J]. 管理科学, 2005(2): 85-91.

[166] 韩炜, 邓渝. 商业生态系统研究述评与展望[J]. 南开管理评论, 2020, 23(3): 14-27.

[167] 贺勇, 陈志豪, 廖诺. 政府补贴方式对绿色供应链制造商减排决策的影响机制[J]. 中国管理科学, 2022, 30(6): 87-98.

[168] 侯东爽, 孙浩. 广义特征函数下合作对策的τ值[J]. 应用数学学报, 2008a(2): 324-332.

[169] 侯东爽, 孙浩. 拟阵限制下合作对策解的传递性[J]. 运筹与管理, 2008b(3): 52-57.

[170] 胡海波, 娄策群. 数据开放环境下的政府数据治理: 理论逻辑与实践指向[J]. 情报理论与实践, 2019, 42(7): 41-47.

[171] 胡石清. 社会合作中利益如何分配? ——超越夏普利值的合作博弈"宗系解"[J]. 管理世界, 2018, 34(6): 83-93.

[172] 胡跃飞, 黄少卿. 供应链金融: 背景、创新与概念界定[J]. 金融研究, 2009(8): 194-206.

[173] 黄丽华, 朱海林, 刘伟华, 等. 企业数字化转型和管理: 研究

框架与展望[J]. 管理科学学报，2021，24（8）：26-35.

[174] 纪园园，张美星，冯树辉. 平台经济对产业结构升级的影响研究——基于消费平台的视角[J]. 系统工程理论与实践，2022，42（6）：1579-1590.

[175] 贾俊雪，应世为. 财政分权与企业税收激励——基于地方政府竞争视角的分析[J]. 中国工业经济，2016（10）：23-39.

[176] 贾晓薇，王志强. 以开征碳税为契机构建我国碳减排复合机制[J]. 税务研究，2021（8）：18-21.

[177] 江彬倩，李登峰，林萍萍. 多目标合作博弈最小二乘预核仁与核仁解[J]. 系统工程理论与实践，2020，40（3）：691-702.

[178] 江世英，方鹏骞. 基于绿色供应链的政府补贴效果研究[J]. 系统管理学报，2019，28（3）：594-600.

[179] 江小涓，靳景. 数字技术提升经济效率：服务分工、产业协同和数实孪生[J]. 管理世界，2022，38（12）：9-26.

[180] 江鑫，胡文涛. 税收激励对企业绿色创新的影响研究——基于环境规制与融资约束的视角[J/OL]. 经济学报，1-29[2024-08-28]. http：//kns. cnki. net/kcms/detail/10. 1175. F. 20240715. 1800. 002. html.

[181] 姜东晖，王波. 普惠与精准：农业供应链金融的创新发展[J]. 农村经济，2020（5）：99-104.

[182] 姜海锋，唐亮，张珍玲. 政府财税激励对企业绿色技术创新能力的影响[J]. 内江师范学院学报，2023，38（12）：78-85.

[183] 解维敏，吴浩，冯彦杰. 数字金融是否缓解了民营企业融资约束？[J]. 系统工程理论与实践，2021，41（12）：3129-3146.

[184] 金基瑶，杜建国，金帅，等. 消费者环境创新偏好下政府环境补贴对供应链绩效的影响——基于本土和 FDI 生产型企业竞争的视角[J]. 系统管理学报，2020，29（4）：657-667.

[185] 鞠晴江，鞠鹏，代文强，等. 新能源汽车补贴政策与保有量影响研究：单位补贴、销售奖励与产品差异化[J]. 管理科学学报，2021，24（6）：101-116.

[186] 鞠晓生. 中国上市企业创新投资的融资来源与平滑机制[J]. 世界经济，2013，36（4）：138-159.

[187] 雷俊生，曹玉娟．生态现代化视角下的渐进型碳税制度构建[J]．税务与经济，2024(1)：50-58.

[188] 黎文靖，郑曼妮．实质性创新还是策略性创新？——宏观产业政策对微观企业创新的影响[J]．经济研究，2016，51(4)：60-73.

[189] 黎志成，刘枚莲．电子商务环境下的消费者行为研究[J]．中国管理科学，2002(6)：89-92.

[190] 李春涛，宋敏．中国制造业企业的创新活动：所有制和 CEO 激励的作用[J]．经济研究，2010，45(5)：55-67.

[191] 李东进，吴波，武瑞娟．中国消费者购买意向模型——对 Fishbein 合理行为模型的修正[J]．管理世界，2009(1)：121-129+161.

[192] 李汇东，唐跃军，左晶晶．用自己的钱还是用别人的钱创新？——基于中国上市公司融资结构与公司创新的研究[J]．金融研究，2013(2)：170-183.

[193] 李健，王亚静，冯耕中，等．供应链金融述评：现状与未来[J]．系统工程理论与实践，2020，40(8)：1977-1995.

[194] 李力行，聂卓，席天扬．多维度治理与国家能力：增值税征管和企业排污的视角[J]．世界经济，2022，45(6)：112-135.

[195] 李姝，杜亚光，张晓哲．同行 MD&A 语调对企业创新投资的溢出效应[J]．中国工业经济，2021(3)：137-155.

[196] 李振洋，白雪洁．营商环境优化能否打破政治资源诅咒？——基于政治关联与企业生产率的考察[J/OL]．中国管理科学，1-12[2024-08-19]. https：//doi. org/10. 16381/j. cnki. issn1003-207x. 2021. 2011.

[197] 李宗伟，张艳辉，栾东庆．哪些因素影响消费者的在线购买决策？——顾客感知价值的驱动作用[J]．管理评论，2017，29(8)：136-146.

[198] 梁喜，魏承莉．双重补贴下双渠道供应链创新及协调策略研究[J]．工业工程与管理，2020，25(6)：172-182.

[199] 林川，吴沁泽．数字化转型促进了企业绿色化转型吗？[J/OL]．西部论坛，1-16[2024-08-09]. http：//kns. cnki. net/kcms/detail/50. 1200. c. 20240724. 1743. 002. html.

[200] 林强，冯佳丽，雒兴刚，等．不同消费支付方式下电商供应链

销售模式选择[J]. 系统工程理论与实践, 2021, 41(11): 2913-2928.

[201] 林强, 刘名武. 同时考虑政府补贴与企业成本分担的绿色供应链决策[J]. 工业工程, 2022, 25(6): 29-38.

[202] 林强, 于冠一, 赵光香. 保兑仓模式下供应链期末返利契约参数设计[J]. 系统科学与数学, 2017, 37(3): 725-743.

[203] 林志帆, 杜金岷, 龙晓旋. 股票流动性与中国企业创新策略: 流水不腐还是洪水猛兽?[J]. 金融研究, 2021(3): 188-206.

[204] 刘佳琦, 李雪蓉, 李秀婷, 等. 货币政策对中国风险投资市场的影响——风险投资复杂网络结构的调节效应[J]. 计量经济学报, 2022, 2(4): 796-814.

[205] 刘金科, 肖翊阳. 中国环境保护税与绿色创新: 杠杆效应还是挤出效应?[J]. 经济研究, 2022, 57(1): 72-88.

[206] 刘竞, 傅科, 徐佳焱. 不对称信息下权力结构对自有品牌引入的影响[J]. 系统工程理论与实践, 2021, 41(8): 2056-2075.

[207] 刘露, 李勇建, 薛克雷. 融资选择冲突与可变参数风险分担机制[J]. 系统工程理论与实践, 2021, 41(3): 649-666.

[208] 刘尚希, 赵福昌, 孙维. 中国财政体制: 探索与展望[J]. 经济研究, 2022, 57(7): 12-25.

[209] 龙小宁, 张靖. IPO与专利管理: 基于中国企业的实证研究[J]. 经济研究, 2021, 56(8): 127-142.

[210] 鲁桐, 党印. 公司治理与技术创新: 分行业比较[J]. 经济研究, 2014, 49(6): 115-128.

[211] 罗春林. 基于政府补贴的电动汽车供应链策略研究[J]. 管理评论, 2014, 26(12): 198-205.

[212] 罗恩益. 财税激励、绿色技术创新与企业环境绩效[J]. 财会通讯, 2020(20): 46-49.

[213] 吕桁宇, 马春爱, 汤桐, 等. 财税激励政策、绿色技术创新与工业企业碳强度[J]. 统计与信息论坛, 2024, 39(5): 59-72.

[214] 吕越, 张昊天, 薛进军, 等. 税收激励会促进企业污染减排吗——来自增值税转型改革的经验证据[J]. 中国工业经济, 2023(2): 112-130.

［215］马超群，孔晓琳，林子君，等．区块链技术背景下的金融创新和风险管理［J］．中国科学基金，2020，34（1）：38-45.

［216］马龙龙．企业社会责任对消费者购买意愿的影响机制研究［J］．管理世界，2011（5）：120-126.

［217］毛昊，尹志锋，张锦．中国创新能够摆脱"实用新型专利制度使用陷阱"吗［J］．中国工业经济，2018（3）：98-115.

［218］毛其淋．外资进入自由化如何影响了中国本土企业创新？［J］．金融研究，2019（1）：72-90.

［219］闵峰，文凤华，吴楠．货币政策和财政政策对中国消费和投资的有效性评估［J］．计量经济学报，2021，1（1）：94-113.

［220］南江霞，李帅，张茂军．带有订单转保理的供应链金融的收益共享博弈模型［J］．控制与决策，2023，38（6）：1745-1752.

［221］潘彬，金雯雯．货币政策对民间借贷利率的作用机制与实施效果［J］．经济研究，2017，52（8）：78-93.

［222］潘彬，杨鑫，肖继宏，等．民间金融与中国宏观经济——理论机制与实证分析［J］．中国管理科学，2018，26（3）：51-58.

［223］潘定，谢菡．数字经济下政府监管与电商企业"杀熟"行为的演化博弈［J］．经济与管理，2021，35（1）：77-84.

［224］裴建锁，方勇彪，姜佳彤．嵌入全球价值链助力企业绿色发展：投入结构转型效应的解释［J］．中国工业经济，2024（2）：61-79.

［225］彭红星，毛新述．政府创新补贴、公司高管背景与研发投入——来自我国高科技行业的经验证据［J］．财贸经济，2017，38（3）：147-161.

［226］浦珏，石岿然，王炎．合作博弈理论应用研究综述［J］．商业经济研究，2015（3）：43-44.

［227］戚聿东，蔡呈伟．数字化对制造业企业绩效的多重影响及其机理研究［J］．学习与探索，2020（7）：108-119.

［228］钱锡红，杨永福，徐万里．企业网络位置、吸收能力与创新绩效——一个交互效应模型［J］．管理世界，2010（5）：118-129.

［229］渠敬东．项目制：一种新的国家治理体制［J］．中国社会科学，2012（5）：113-130+207.

［230］申云，李京蓉，杨晶．乡村振兴背景下农业供应链金融信贷减

贫机制研究——基于社员农户脱贫能力的视角[J]．西南大学学报（社会科学版），2019，45（2）：50-60+196．

[231] 石建中，何梦茹．政府补贴下平台赋能中小企业数字化转型的演化策略研究[J/OL]．南开经济研究，1-22[2024-08-09]．https：//doi．org/10.14116/j．nkes．2024.07.002．

[232] 宋华，黄千员，杨雨东．金融导向和供应链导向的供应链金融对企业绩效的影响[J]．管理学报，2021，18（5）：760-768．

[233] 宋华，陶铮，杨雨东．"制造的制造"：供应链金融如何使能数字商业生态的跃迁——基于小米集团供应链金融的案例研究[J]．中国工业经济，2022（9）：178-196．

[234] 宋艳飞，冯园园，王睿哲，等．产融合作与中小企业数字化转型协同发展模式与路径研究[J]．新型工业化，2024，14（3）：51-56+63．

[235] 孙迪，余玉苗．绿色产品市场中政府最优补贴政策的确定[J]．管理学报，2018，15（1）：118-126．

[236] 孙建林．商业银行授信业务风险管理[M]．北京：对外经济贸易大学出版社，2003．

[237] 孙鲲鹏，罗婷，肖星．人才政策、研发人员招聘与企业创新[J]．经济研究，2021，56（8）：143-159．

[238] 田方钰，刘海英，刘达禹．动态最优碳税、适度减排关注与经济绿色转型[J]．财经科学，2024（3）：73-88．

[239] 田先红．项目化治理：城市化进程中的县域政府行为研究[J]．政治学研究，2022（3）：136-147+164．

[240] 汪梦园．企业承担社会责任的绿色供应链政府补贴机制[D]．中国矿业大学硕士学位论文，2021．

[241] 王帮俊，崔林玉，王智乐，等．绿色金融试点政策对新能源企业技术创新的影响研究[J]．南京财经大学学报，2024（2）：67-77．

[242] 王春岚，叶强，张少军，等．P2P网络借贷市场中自动投标工具的影响——基于人人贷数据的实证研究[J]．系统工程理论与实践，2021，41（7）：1640-1649．

[243] 王海，闫卓毓，郭冠宇，等．数字基础设施政策与企业数字化转型："赋能"还是"负能"？[J]．数量经济技术经济研究，2023，40

（5）：5-23.

[244] 王红建，曹瑜强，杨庆，等．实体企业金融化促进还是抑制了企业创新——基于中国制造业上市公司的经验研究[J]．南开管理评论，2017，20（1）：155-166.

[245] 王磊，景诗龙，邓芳芳．营商环境优化对企业创新效率的影响研究[J]．系统工程理论与实践，2022，42（6）：1601-1615.

[246] 王美今，林建浩，余壮雄．中国地方政府财政竞争行为特性识别："兄弟竞争"与"父子争议"是否并存？[J]．管理世界，2010（3）：22-31+187-188.

[247] 王珊珊，秦江涛．政府补贴下双渠道闭环供应链回收渠道的选择研究[J]．系统科学与数学，2022，42（10）：2756-2773.

[248] 王滔，颜波．博弈视角下的在线渠道决策研究[J]．管理科学学报，2017，20（6）：64-77.

[249] 王伟明，徐海燕，朱建军．复杂网络视角下的大规模群体 DE-MATEL 决策方法[J]．系统工程理论与实践，2021，41（1）：200-212.

[250] 王文利，甄烨，张钦红．面向资金约束供应商的供应链内部融资——股权还是债权？[J]．管理科学学报，2020，23（5）：89-101.

[251] 王新林，胡盛强，刘晓斌．考虑政府激励政策的绿色供应链博弈模型及契约协调研究[J]．工业工程，2019，22（6）：17-26.

[252] 王馨，王营．绿色信贷政策增进绿色创新研究[J]．管理世界，2021，37（6）：11+173-188.

[253] 王雄，黄云，任晓航，等．数字普惠金融对居民消费的空间溢出效应研究[J]．系统工程理论与实践，2022，42（7）：1770-1781.

[254] 王宇，于辉．市场竞争下企业股权融资的供应链模型分析[J]．管理科学学报，2020，23（1）：113-126.

[255] 王昀，孙晓华．政府补贴驱动工业转型升级的作用机理[J]．中国工业经济，2017（10）：99-117.

[256] 王宗润，杨梅，周艳菊．互联网金融涌现的逻辑：投资人的视角[J]．系统工程理论与实践，2016，36（11）：2791-2801.

[257] 温军，冯根福．异质机构、企业性质与自主创新[J]．经济研究，2012，47（3）：53-64.

[258] 温兴琦，程海芳，蔡建湖，等．绿色供应链中政府补贴策略及效果分析[J]．管理学报，2018，15(4)：625-632.

[259] 吴宝，池仁勇．融入情感分析与用户热度的社交网络用户可信度量方法[J]．系统科学与数学，2021，41(4)：1091-1107.

[260] 吴非，胡慧芷，林慧妍，等．企业数字化转型与资本市场表现——来自股票流动性的经验证据[J]．管理世界，2021，37(7)：10+130-144.

[261] 吴非，黎伟．税收激励与企业绿色转型——基于上市企业年报文本识别的经验证据[J]．财政研究，2022(4)：100-118.

[262] 吴非，袁普盈，向海凌．金融科技与企业绿色转型——影响特征、作用机制与空间溢出效应识别[J]．中国环境管理，2024，16(3)：48+103-112.

[263] 吴功兴，琚春华，杨之骄．融入度相关性与社区识别的社交网络舆情信源发现方法[J]．系统科学与数学，2021，41(9)：2492-2504.

[264] 吴克昌，唐煜金．边界重塑：数字赋能政府部门协同的内在机理[J]．电子政务，2023(2)：59-71.

[265] 吴婷婷，王通达．绿色信贷能促进企业绿色转型吗？[J]．中南财经政法大学学报，2023(5)：31-43.

[266] 吴瑶，肖静华，谢康，等．从价值提供到价值共创的营销转型——企业与消费者协同演化视角的双案例研究[J]．管理世界，2017(4)：138-157.

[267] 夏后学，谭清美，白俊红．营商环境、企业寻租与市场创新——来自中国企业营商环境调查的经验证据[J]．经济研究，2019，54(4)：84-98.

[268] 夏江皓．以占有改定设立动产质权的可行性探析[J]．商业研究，2018(11)：168-176.

[269] 相模，李芳．政府补贴对风险规避型绿色供应链决策影响研究[J]．工业工程，2022，25(5)：159-170.

[270] 向海凌，林钰璇，王浩楠．利率市场化改革与企业绿色转型——基于上市企业年报文本大数据识别的经验证据[J]．金融经济学研究，2023，38(4)：55-73.

[271] 谢楠，何海涛，周艳菊，等．乡村振兴背景下基于中央政府项目补贴分析的供应链金融决策研究[J/OL]．中国管理科学，1-21[2024-08-21]．https：//doi．org/10．16381/j．cnki．issn1003-207x．2021．2540．

[272] 谢庆奎．中国大陆政府与政治[M]．台北：五南图书出版股份有限公司，1999．

[273] 许红梅，倪骁然，刘亚楠．上市企业员工满意度与创新——来自"中国年度最佳雇主100强"的经验证据[J]．金融研究，2021(9)：170-187．

[274] 许云霄，柯俊强，刘江宁，等．企业数字化转型对债务融资成本的影响研究[J]．宏观经济研究，2023(4)：14-26+116．

[275] 闫晓雪，纪志坚．从Stackelberg-Nash均衡视角对动态社交网络系统中的意见分层建模分析[J]．系统科学与数学，2021，41(11)：3029-3048．

[276] 杨灿明．地方政府行为与区域市场结构[J]．经济研究，2000(11)：58-64．

[277] 杨晓光，李三希，曹志刚，等．数字经济的博弈论基础[J]．管理科学，2022，35(1)：50-54．

[278] 杨晓辉，游达明．考虑消费者环保意识与政府补贴的企业绿色技术创新决策研究[J]．中国管理科学，2022，30(9)：263-274．

[279] 杨晔，朱晨，谈毅．技术创新与中小企业雇佣需求——基于员工技能结构的再审视[J]．管理科学学报，2019，22(2)：92-111．

[280] 姚锋敏，闫颖洛，滕春贤．考虑CSR行为及渠道权力结构的闭环供应链定价决策[J]．管理评论，2022，34(1)：283-294．

[281] 叶德珠，连玉君，黄有光，等．消费文化、认知偏差与消费行为偏差[J]．经济研究，2012，47(2)：80-92．

[282] 叶金珍，安虎森．开征环保税能有效治理空气污染吗[J]．中国工业经济，2017(5)：54-74．

[283] 于辉，李西，王亚文．电商参与的供应链融资模式：银行借贷vs电商借贷[J]．中国管理科学，2017，25(7)：134-140．

[284] 于晓辉，杜志平，张强，等．基于T-联盟Shapley值的分配策略[J]．运筹学学报，2020，24(4)：113-127．

[285] 于晓辉，张志强，于亚南．考虑消费者偏好的绿色供应链补贴绩效研究[J]．系统科学与数学，2022，42(4)：818-831.

[286] 余乐安，雷凯宇，曾能民．竞争环境下考虑技术进步的供应链重构策略研究[J]．系统工程理论与实践，2023，43(2)：421-437.

[287] 余明桂，回雅甫，潘红波．政治联系、寻租与地方政府财政补贴有效性[J]．经济研究，2010，45(3)：65-77.

[288] 臧旭恒，张欣．中国家庭资产配置与异质性消费者行为分析[J]．经济研究，2018，53(3)：21-34.

[289] 张杰，郑文平．创新追赶战略抑制了中国专利质量么？[J]．经济研究，2018，53(5)：28-41.

[290] 张维海，彭称称，蒋秀珊．多目标动态优化中 Pareto 随机合作博弈研究综述[J]．控制与决策，2023，38(7)：1789-1801.

[291] 张昱昭，高征烨，张永杰，等．证券信息交流降低了股价同步性吗？——基于互联网社交媒体的证据[J]．系统科学与数学，2021，41(10)：2698-2715.

[292] 赵爱武，杜建国，关洪军．绿色购买行为演化路径与影响机理分析[J]．中国管理科学，2015，23(11)：163-170.

[293] 赵凯，李磊．政府多工具组合优惠对企业创新行为的影响研究[J]．中国管理科学，2024，32(2)：221-230.

[294] 赵琦，钟夏洋．金融制度改革与中小企业数字化转型——来自新三板分层制度的证据[J/OL]．数量经济技术经济研究，1-17[2024-08-29]．https：//doi. org/10. 13653/j. cnki. jqte. 20240719. 001.

[295] 郑士源．合作博弈理论的研究进展——联盟的形成机制及稳定性研究综述[J]．上海海事大学学报，2011，32(4)：53-59.

[296] 郑小雪，李登峰，刘志，等．政府补贴新能源汽车的不同模式效果差异研究[J]．系统科学与数学，2020，40(10)：1821-1835.

[297] 周建，杨秀祯．我国农村消费行为变迁及城乡联动机制研究[J]．经济研究，2009，44(1)：83-95+105.

[298] 周黎安，罗凯．企业规模与创新：来自中国省级水平的经验证据[J]．经济学(季刊)，2005(2)：623-638.

[299] 周晓晗，张江华，徐进．基于序贯博弈的企业研发合作动机研

究[J]. 管理科学学报，2021，24(2)：111-126.

[300] 周永圣，梁淑慧，刘淑芹，等. 绿色信贷视角下建立绿色供应链的博弈研究[J]. 管理科学学报，2017，20(12)：87-98.

[301] 周泽将，汪顺，陈欣. 银行竞争与中国企业绿色转型[J]. 经济学动态，2024(5)：54-71.

[302] 朱桂龙，黄妍. 产学研合作对共性技术研发创新影响的实证检验——以生物技术领域为例[J]. 科技进步与对策，2017，34(11)：47-54.

[303] 朱丽娜，贺小刚，张正元. 家族控制、经济期望与企业绿色责任的关系研究：来自中国上市公司的经验数据[J]. 管理科学学报，2022，25(4)：107-126.

[304] 朱庆华，窦一杰. 基于政府补贴分析的绿色供应链管理博弈模型[J]. 管理科学学报，2011，14(6)：86-95.

[305] 诸竹君，宋学印，张胜利，等. 产业政策、创新行为与企业加成率——基于战略性新兴产业政策的研究[J]. 金融研究，2021(6)：59-75.

[306] 邹正兴，张强. 模糊支付合作博弈的广义 Shapley 函数[J]. 模糊系统与数学，2017，31(5)：160-170.